HEALTH PROMOTI
COLLEGE STU

大学生健康促进
2030

■ 张仁炳　缪锋　徐俊　/ 主编

ZHEJIANG UNIVERSITY PRESS
浙江大学出版社

图书在版编目（CIP）数据

大学生健康促进 2030 / 张仁炳，缪锋，徐俊主编.
—杭州：浙江大学出版社，2018.8(2018.12 重印)
ISBN 978-7-308-18320-8

Ⅰ.①大… Ⅱ.①张… ②缪… ③徐… Ⅲ.①大学生
—健康教育—高等学校—教材 Ⅳ.①G647.9

中国版本图书馆 CIP 数据核字(2018)第 111917 号

大学生健康促进 2030

主编　张仁炳　缪　锋　徐　俊

责任编辑	徐　霞（xuxia@zju.edu.cn）
责任校对	刘　郡
封面设计	春天书装
出版发行	浙江大学出版社
	（杭州市天目山路 148 号　邮政编码 310007）
	（网址：http://www.zjupress.com）
排　版	杭州中大图文设计有限公司
印　刷	杭州高腾印务有限公司
开　本	710mm×960mm　1/16
印　张	11.5
字　数	213 千
版 印 次	2018 年 8 月第 1 版　2018 年 12 月第 2 次印刷
书　号	ISBN 978-7-308-18320-8
定　价	28.00 元

前　　言

　　健康是青少年德智体美全面发展的基础,高校加强健康促进工作是贯彻落实党的教育方针、全面实施素质教育、促进学生全面发展的必然要求。根据国务院颁布的《"健康中国 2030"规划纲要》(以下简称《规划纲要》)、教育部颁布的《普通高等学校健康教育指导纲要》(以下简称《指导纲要》)等文件的精神,高校要更新观念、创新形式、落实载体、完善制度,全方位、多途径、多形式开展健康教育和健康促进工作,帮助学生树立健康意识,掌握健康技能,养成文明生活方式,促进身心健康和全面发展。

　　本教材遵照党的十九大健康中国战略,根据国务院《规划纲要》的精神,按照《指导纲要》的要求,在浙江省教育厅体育卫生与艺术教育处的指导下,由浙江大学校医院与浙江省疾病预防控制中心健康教育所合作编写而成。

　　本教材结构紧凑、图文并茂、内容新颖、重点突出,与中国特色社会主义新时代的"大健康"概念紧密结合,内容涉及健康生活方式、疾病预防、心理健康、性与生殖健康、安全应急与避险等五个方面,吸引力强。本教材在每章都设有二维码,扩展教材外延,读者通过扫描二维码不仅能观看医学操作、教师授课、同学活动等视频,还能阅读相关文件及 PPT 课件。本教材在最后增加了重要词汇的索引,方便读者查阅,增强了教材的实用性。

　　本教材由张仁炳、缪锋、徐俊主编。各章节的编写人员如下:绪论,徐锦杭;第一章,缪锋;第二章,杨仁志;第三章,李来亮;第四章,陈群芳、缪锋;第五章,徐俊。本教材在编写中得到了浙江省教育厅体卫艺处李建章同志、陈红同志以及浙江省疾病预防控制中心健康教育所徐水洋同志的指导，吴东红、廖学俊、周幼龙、陈路等同志也对本教材提出了不少好的建议，在此一并表示感谢。

我们衷心希望，《大学生健康促进 2030》能成为推动高校健康促进工作的一本有益的教材，成为大学生树立现代健康意识、养成文明健康生活方式的良师益友，为高校的健康教育工作奉献应尽的责任。

编　者

2018 年 8 月

目　　录

绪　　论

　　健康是人类生存和发展永恒的主题,是人类基本的权利、最大的财富、永久的追求。习近平总书记指出:"人民健康是民族昌盛和国家富强的重要标志,要把人民的健康放在优先发展的战略地位。"大学生是祖国未来持续发展的动力,正处于人生成长的关键时期,不仅要励志学习,成为国家的栋梁,同时要关注健康,提升健康素养。《"健康中国 2030"规划纲要》明确提出了应加大学校健康教育力度,将健康教育纳入国民教育体系,把健康教育作为所有教育阶段素质教育的重要内容。

一、健康的概念

　　在过去一些词典中,"健康"通常被简单地定义为"机体处于正常运作状态,没有疾病"。这是传统的健康概念。随着科学的发展和时代的变迁,人们对于健康的认识不断提高。

　　世界卫生组织(WHO)早在 1948 年成立之初就提出:"健康不仅是疾病或羸弱之消除,健康乃是一种在身体上、精神上和社会上的完好状态。"随后,WHO又对健康的定义加以补充,认为健康应该包括躯体健康、心理健康、社会适应性良好和道德健康四个方面。

(一)躯体健康

　　躯体健康是指人的肌体及其生理功能方面的健康,包括身体发育正常,体重适当,体形匀称,眼睛明亮,头发有光泽,皮肤有弹性,睡眠好,能够抵抗一般性感冒和传染病等。

(二)心理健康

　　心理健康是指人的精神、情绪和意识方面的良好状态,包括智力发育正常,自我人格完整,心理平衡,有正确的人生目标和较好的自控能力,精力充沛,情绪稳定,处事乐观,能从容不迫地担负日常生活和工作而不感到过分紧张与疲劳,思想和行为符合社会准则及道德规范,与周围环境保持协调,具有追求健康文明生活方式的主观愿望和自觉行动,能够对健康障碍采取及时、合理的预防、治疗和康复措施。

(三)社会适应性良好

社会适应性良好是指人的外显行为和内隐行为都能适应复杂的社会环境变化,能为他人所理解,为社会所接受,行为符合社会身份,与他人保持正常的人际关系。同时,还应该接受良好的文化教育,掌握与自身发展和社会进步相适应的科学知识或专业技能,培养从事工作、生产、劳动及其他社会事务的综合素质,不断丰富人生经历、积累人生经验、增强社会适应能力。

(四)道德健康

道德健康是指不以损坏他人利益来满足自己的需要,能按照社会认可的行为道德来约束、支配自己的行动,具有辨别真伪、善恶、荣辱、美丑等是非观念和能力。

二、健康的标准

根据健康的定义,WHO还给出了健康的十条标准:

(1)充沛的精力,能从容不迫地担负日常生活和工作而不感到紧张与疲劳;

(2)处事乐观,态度积极,乐于承担任务而不挑剔;

(3)善于休息,睡眠良好;

(4)应变能力强,能适应外界环境的各种变化;

(5)对一般性感冒和传染病有一定抵抗力;

(6)体重适当,体形匀称,站立时,头、臂、臀比例协调;

(7)眼睛明亮,反应敏捷,眼睑不发炎;

(8)牙齿清洁,无缺损和龋齿,不疼痛,牙龈无出血、颜色正常;

(9)头发有光泽,无头皮屑;

(10)肌肉丰满,皮肤有弹性,走路轻松。

三、健康的影响因素

WHO认为在影响人类健康和寿命的四大因素中,遗传与生物学因素占15%,环境因素占17%,卫生服务因素占8%,行为与生活方式因素占60%。

(一)遗传与生物学因素

人是由分子、细胞、组织、器官和系统构成的高度复杂的、有机统一的整体,机体按照亲体的遗传模式进行世代繁殖,完成一系列生命现象,自然遗传是不可改变的因素。生物学因素包括:由病原微生物引起的感染性疾病;某些遗传或非遗传性的内在缺陷、变异、老化,导致人体发育畸形、代谢障碍、内分泌失调和免疫功能异常等。此外,年龄、民族、婚姻及对疾病的易感性等生物学因素也与健康水平相关。

(二)环境因素

影响人类健康的环境包括自然环境与社会环境。污染、人口和贫困,是威胁人类健康的三大严重社会问题。地理位置、生态环境、住房条件、卫生基础设施、就业、邻居的和睦程度等都不同程度地影响着居民的健康。社会环境包括政治制度、经济水平、文化教育、人口状况、科技发展等诸多因素。

(三)卫生服务因素

卫生服务的范围、内容、质量、价格、成本,卫生服务的需求水平,医疗卫生机构、人员、设备、信息等卫生资源的配置与利用,医学科技发展的水平,医疗保险制度的建立与覆盖水平等,都直接关系到人的生老病死及由此产生的一系列健康问题。经济社会的发展水平对卫生服务供给产生直接影响。

(四)行为与生活方式因素

生活方式是在一定环境条件下所形成的生活意识和生活行为习惯的统称。不良生活方式和有害健康的行为已成为当今危害人类健康、导致疾病及死亡的主因。

近年来,我国每年死于恶性肿瘤、心脑血管疾病的患者数已约占总死亡人数的六成。人类40%的死亡原因在于:体重不足、不安全性行为、高血压、吸烟、饮酒、不洁饮水、缺乏公共卫生条件、铁缺乏、固体染料所致的室内污染、高胆固醇及肥胖等。相关研究发现,只要有效地控制这些危险因素,就能减少40%～70%的早死、1/3的急性残疾、2/3的慢性残疾。

案例分析:安妮和查理

四、大学生的健康现状

近年来,各地高校在推进健康教育、提升大学生健康素养方面做了许多卓有成效的工作,取得了积极的进展。但部分大学生健康意识淡漠、健康促进行为不足的问题仍较为突出,锻炼不够、睡眠不足、作息不规律、膳食不合理等不健康生活方式正在成为影响大学生健康的危险因素。调查显示,约1/5大学生经常有精神疲劳感与生活压力感,精神疲劳的人数多于身体疲劳的人数;多数大学生运动不足；相当一部分大学生不吃早餐，不喝牛奶，有挑食习惯。大学生余暇生活前三位的活动分别是：文化娱乐、去图书馆、体育健身。选择体育健身的大学生比例不大，大部分大学生未重视体育锻炼对调节紧张学习生活、缓解压力、消除疲劳的作用。浙江省对 21 所大学的 4643 名大学生进行烟草使用流行现况调查，结果显示：大学生尝试和现在吸烟率分别为 29.72% 和 10.57%，据此推算目前浙江省大学生人群中约有 10.41 万名吸烟者。大学生心理健康问题也不容忽视，自杀是15～24 岁青少年的第三大死因，其危害性超过癌症、心脏病等重大疾病，严重威胁青少年的生命。有报道称 90% 有过自杀行为的大学生具有一定的心理或精神问题，最常见的为抑郁症。

　　健康对于每一个人来讲都是终身的追求，每个人都是自己健康的第一责任人。当人们从出生到懂事，到身心发育成长，再到形成健康的行为方式，在经过家长和老师的启蒙之后，健康就由自己把握。要想成为健康的人，就要学习健康的知识，采取健康的生活方式，养成健康的习惯，做到"不治已病治未病，不治已乱治未乱"，未雨绸缪，做一名体格、心理和社会适应性良好的大学生，享受健康生活，快乐地工作与学习。

第一章　健康生活方式

生活方式是指在一定的历史时期和社会条件下人们的生活模式,它包括衣食住行、学习工作、休闲娱乐、社会交往和接人待物等方面。健康的生活方式是指上述这些有益于健康的习惯化、社会化的行为方式。健康的生活方式是健康的基础,WHO认为其对健康的影响占到了60%。国务院发布的《"健康中国2030"规划纲要》指出,健康促进要从源头入手,强调个人健康责任,通过加强健康教育,提高全民健康素养,广泛开展全民健身运动,塑造自主自律的健康行为,引导群众形成合理膳食、适量运动、戒烟限酒、心理平衡的健康生活方式。

第一节　饮食行为与健康

膳食不仅能满足人的生存需求,而且与人的健康状况有着密不可分的联系。早在周代,我国就有了"食医",并认为"食养"居于"术养""药养"等养生之首,还提出了"五味、五谷、五药养其病"的观点。现代营养学奠基于18世纪中叶,有"营养学之父"之称的法国化学家拉瓦锡(Lavoisier)首先提出了呼吸是氧化燃烧的理论;德国化学家李比希(Liebig)将食物对动物的功能进行了分类,他的学生创建了氮平衡学说。自21世纪开始,从分子学水平研究营养与疾病、营养与基因间的关系等成为热点。

一、食物的营养成分

营养是指人体摄取、消化、吸收和利用食物中营养物质以满足机体生理需求的生物学过程。营养素是指给人体提供能量、机体构成成分、组织修复成分以及生理调节功能的化学物质,主要包括蛋白质、脂肪、碳水化合物、膳食纤维、矿物质、维生素和水七大类。

(一)蛋白质

蛋白质是生命的物质基础,是构成人体细胞的基本有机物,是生命活动的主要承担者。正常人体内 16%～19% 是蛋白质。蛋白质由许多氨基酸以肽键联结在一起,由于其氨基酸的种类、数量、排列次序和空间结构的千差万别,就构成了无数种功能各异的蛋白质,构成了神秘的生物世界。

1.氨基酸与必需氨基酸 组成蛋白质的基本氨基酸仅有 20 种,其中 8 种氨基酸对于成人来讲为必需氨基酸。所谓必需氨基酸,是指人体不能合成或合成速度不能满足机体需要的氨基酸,它们分别是亮氨酸、赖氨酸、异亮氨酸、蛋氨酸、苯丙氨酸、苏氨酸、色氨酸、缬氨酸。

2.蛋白质的功能

(1)构成人体组织结构的主要成分。人体所有的组织和器官,都以蛋白质为重要的组成成分,如骨骼和牙齿中的胶原蛋白、指(趾)甲中的角蛋白、红细胞中的血红蛋白等。

(2)构成人体内生物活性物质。如酶的催化作用、激素的生理调节作用、抗体的免疫作用等。

(3)参与生理调节。正常人血浆和组织液之间的水分不断交换并保持平衡,血浆中的蛋白质含量对保持平衡状态起着重要的调节作用。

(4)供给能量。当机体需要时,蛋白质可以被代谢分解,释放出能量,1 克蛋白质在体内被分解时约产生 16.7 千焦的能量。

3.蛋白质的食物来源 成人每天从膳食中摄入蛋白质 0.8 克/千克就能满足机体对蛋白质的需求,称为机体的氮平衡。

动物性食物(如蛋、奶、肉、鱼类)中的蛋白质以及大豆蛋白质等的氨基酸模式与人体蛋白质的氨基酸模式较接近,被人体利用的程度较高,其营养价值也相对较高,故被称为优质蛋白质。

植物性食物如坚果类(花生、核桃等)含有 15%～30% 的蛋白质;谷物一般只含 6%～10% 的蛋白质,但摄入量大,是蛋白质的主要膳食来源。

(二)脂肪

人体内的脂类分成脂肪和类脂两部分。脂肪是由甘油和脂肪酸构成的甘油三酯,正常人体中的脂肪占体重的 10%～20%。类脂包括磷脂(如卵磷脂、脑磷脂、肌醇磷脂)、糖脂、脂蛋白(如低密度脂蛋白、高密度脂蛋白、极低密度脂蛋白)、类固醇(如胆固醇、皮质醇)等。

1.脂类的功能

(1)体内贮存和提供能量。人体将摄入的过多能量不断地贮存在脂肪细胞中,导致越来越胖;需要时1克脂肪在体内分解成二氧化碳和水并产生38千焦(约9千卡)能量,比1克蛋白质或1克碳水化合物产生的能量高1倍多。

(2)构成身体组织和生物活性物质。脂肪是构成身体细胞的重要成分之一,脑神经、肝脏、肾脏等器官中含有很多脂肪;磷脂、糖脂、胆固醇构成细胞膜的类脂层等。

(3)维持正常体温。皮下脂肪可起到隔热保温的作用,使体温保持正常。

(4)提供保护。脂肪组织在体内对器官有支撑和衬垫作用,可保护内部器官免受外力伤害。

(5)溶解营养素。脂肪能促进脂溶性维生素A、D、E的吸收。

2.胆固醇的作用

(1)胆固醇是许多重要活性物质的合成材料。如合成参与脂类消化吸收的胆汁;合成肾上腺皮质激素、性激素;合成参与钙磷代谢的维生素D等。

(2)胆固醇是构成细胞膜的重要成分,对控制生物膜的流动性有重要作用。

3.“深海鱼油”的作用　“深海鱼油”是指从深海鱼类动物体中提炼出来的不饱和脂肪酸成分,主要有二十碳五烯酸(EPA)、二十二碳六烯酸(DHA)等。其作用有:

(1)营养脑神经。EPA和DHA参与构成脑神经细胞生物膜,可增强中枢神经系统的功能,有促进智力的作用,故被称为“脑黄金”。

(2)预防血栓产生。EPA可协助清除附着于血管壁上的胆固醇与硬化斑,降低血液中胆固醇水平,保持血液畅通流动,阻止中风或心肌梗死的发生。

(3)缓解炎性肿痛。EPA与DHA可以平衡过多的ω-6脂肪酸,改善各种炎性症状。

(4)改善不良情绪。EPA和DHA与情绪平衡密切相关,当血液中的EPA和DHA的浓度偏低时,发生轻度、中度抑郁症的概率会明显提高。

(三)碳水化合物

碳水化合物又称糖类,分为单糖、双糖、寡糖和多糖,是人体热量的主要来源。单糖分葡萄糖、果糖和半乳糖等,葡萄糖是糖类的最基本单位,果糖主要存在于水果和蜂蜜中。10个以上单糖组成的大分子糖为多糖,动物多糖贮存在肝脏和肌肉中。肝脏中的糖原维持血糖浓度,肌肉中的糖原提供运动所需的能量。淀粉是由许多葡萄糖组成且能被人体消化吸收的植物多糖。

1.碳水化合物的功能

(1)贮存和提供能量。肝脏约贮存机体内 1/3 的糖原,一旦需要,肝脏中的糖原就分解为葡萄糖进入血液循环给机体提供能量,尤其是满足红细胞、脑和神经组织对能量的需要。

(2)构成机体的成分。结缔组织中的黏蛋白、神经组织中的糖脂以及细胞膜表面的糖蛋白等,都是一些寡糖的复合物。

(3)节约蛋白质。当摄入足够的碳水化合物时,可以防止体内和膳食中的蛋白质转变为葡萄糖。

(4)抗生酮作用。脂肪在体内彻底被代谢分解,需要葡萄糖的协同作用,人体每天至少需要 50～100 克碳水化合物才可防止酮血症的产生。

2.碳水化合物的食物来源 碳水化合物的食物来源有糖类、谷物(如水稻、小麦、玉米等)、水果(如甘蔗、香蕉、葡萄等)、坚果类、豆类、根茎蔬菜类(如胡萝卜、番薯等)等。

(四)膳食纤维

膳食纤维是存在于植物中不能被人体消化吸收的多糖。

1.膳食纤维的功能

(1)膳食纤维能与胆固醇、甘油三酯结合,再随粪便排出体外,降低人体内胆固醇、甘油三酯含量,预防心脑血管疾病,因此被称为"肠道的清道夫"。

(2)膳食纤维本身不能提供能量,没有营养价值,但能刺激肠蠕动并保持水分,增大粪便体积,软化粪便,促进排便,防治便秘和结肠癌。

(3)膳食纤维能减缓葡萄糖的吸收速度,防治糖尿病。

(4)膳食纤维能促进毒素排泄,预防肠癌,并有养颜功效。

2.膳食纤维的食物来源 膳食纤维主要是从植物性食品中获得,主要有玉米、豆类、油菜、芹菜等。联合国粮农组织颁布的纤维食品指导大纲指出,每人每日饮食中有 200 克左右的膳食纤维,可满足人体需要。

(五)矿物质

人体的组成元素基本上与地球表层的元素组成相一致,除了 C、H、O、N 等主要以有机物形式存在外,其余元素在营养学中统称为矿物质。矿物质在人体内分布极不均匀,不能由人体自身合成,必须从外界摄取,其生理功能、缺乏(或过量)时的病症和食物来源详见表 1-1。

表 1-1　主要矿物质的生理功能、缺乏（或过量）时的病症和食物来源

名称	生理功能	所致病症（缺乏或过量）	食物来源
钙	构成骨骼和牙齿，维持神经和肌肉活动	缺乏致佝偻病、骨质疏松症	虾、虾皮、螺、河蚌、黑芝麻、牛奶、酸奶等
磷	构成骨骼和牙齿，组成 DNA、RNA 的主要成分，组成酶的重要成分	过量致低血钙	瘦肉、禽、蛋、鱼、坚果、海带、豆类等
铁	组成血红蛋白、肌红蛋白、细胞色素及某些呼吸酶的重要成分	缺乏致贫血	动物血、动物肝脏、鸡肉、蚌肉、菌类、黑芝麻等
碘	参与甲状腺素的合成	缺乏致甲状腺肿大、婴幼儿的呆小症	海产品等
锌	酶激活剂，促进生长发育，促进机体免疫功能，维持细胞膜结构	缺乏致异食癖、侏儒症、性功能减退	贝壳类海产品、肉类及内脏、蛋类、豆类等
钠	维持细胞渗透压	缺乏致低钠综合征	食盐等
钾	调节酸碱平衡，传导神经冲动	低血钾时神经肌肉应激性减退、神经功能紊乱	肉类、坚果、脱水水果、海藻类等

（六）维生素

维生素是维持机体生命活动过程所必需的一类微量有机化合物的统称。根据其溶解性不同，维生素可分为两类：一类是脂溶性维生素（包括维生素 A、D、E、K 等），它们不溶于水而溶于脂肪及有机溶剂；另一类是水溶性维生素（包括 B 族维生素和维生素 C 等），它们可溶于水。维生素的生理功能、缺乏时的病症及食物来源详见表 1-2。

表 1-2　主要维生素的生理功能、缺乏时的病症和食物来源

维生素	生理功能	缺乏所致病症	食物来源
A	维持皮肤黏膜组织，促进骨骼、牙齿生长，维持正常视力	眼干燥症（俗称干眼病）、夜盲症、皮肤干燥	动物肝脏、鱼卵、牛奶、胡萝卜等
B_1	辅酶功能，影响神经递质的合成与代谢	脚气病	谷类、杂粮、豆类、坚果、动物内脏等

续表

维生素	生理功能	缺乏所致病症	食物来源
B_2	参与生物氧化与能量代谢,参与维生素 B_6 和烟酸的代谢	口角炎、唇炎、舌炎、睑缘炎、阴囊炎	动物内脏、蛋黄、乳类等
B_6	作为辅酶参与近百种酶系的反应	脂溢性皮炎	鸡肉、鱼肉、肝脏等
C	抗氧化作用,促进组织中胶原的形成,增强抵抗力	维生素 C 缺乏症(曾称坏血病)	新鲜的水果和蔬菜等
D	维持钙浓度及钙磷的调节,促进钙吸收	佝偻病、骨质软化症、骨质疏松症	海水鱼、肝、蛋、鱼肝油等
E	抗氧化作用,预防衰老,与生殖有关	视网膜蜕变、肌无力、神经肌肉退行性变化	植物油、麦胚、坚果、豆类、肉类等

(七)水

水是人体体液的主要成分,是人体进行生命活动不可缺少的重要物质,约占体重的 70%。水具有调节体温、运输物质、促进体内化学反应和润滑等作用。《中国居民膳食指南(2016)》建议成年人每天饮用 1500～1700 毫升水,以维持人体所需。

(八)常用食品的营养成分

1. **谷类** 谷类的碳水化合物含量高,是热量的主要来源。一般谷类蛋白质因必需氨基酸组成不平衡而含量偏低,其蛋白质营养价值低于动物性食品。谷类是 B 族维生素(如烟酸、泛酸等)的主要来源。

2. **豆类** 豆类含有 35%～40% 的蛋白质,且其蛋白质组成接近人体的需要,富含谷类缺乏的赖氨酸,为优质蛋白质。大豆中还含有丰富的钙、维生素 B_1 和维生素 B_2,营养成分丰富。

3. **蔬菜、水果** 蔬菜、水果除含有丰富的碳水化合物、维生素和矿物质外,还富含各种有机酸、芳香物质和色素等成分,对增进食欲、促进消化、丰富食品多样性具有重要意义。

4. **乳类食品** 乳类食品不仅含有酪蛋白、乳蛋白等完全蛋白质,还含有丰富的钙、磷、铁、锌、铜等矿物质。牛奶是人类膳食中蛋白质和钙的最佳来源,是改善营养、增强体质、延缓衰老不可缺少的理想食品。

5. **畜、禽、鱼类** 人体需要的各种必需氨基酸在畜、禽、鱼类蛋白质中都比较充足,故畜、禽、鱼类蛋白质均为优质蛋白质。畜、禽、鱼类的铁、磷等矿物质含量高。瘦肉和内脏含 B 族维生素较多,是多种维生素的丰富来源。

二、中国居民膳食指南

2015 年 6 月,国家卫生和计划生育委员会(以下简称国家卫生计生委)在《中国居民营养与慢性病状况报告(2015 年)》中指出,我国居民膳食能量供给充足,体格发育及营养状况总体改善。但超重肥胖问题凸显,高血压、糖尿病、癌症的患病率呈上升趋势,慢性病死亡人数占总死亡人数的 86.6％。吸烟,过量饮酒,身体活动不足,高盐、高脂等不健康饮食是慢性病发生、发展的主要行为危险因素。积极推进慢性病综合防治,培养居民自觉养成健康的生活方式和理念素养,是全面建成小康社会、促进全民健康的重要内容。

2016 年 4 月,中国营养学会重新修订了《中国居民膳食指南(2016)》,根据营养科学原则和健康需求,提出健康饮食文化的纲要性文件,提升居民的健康素养。

(一)平衡膳食模式

1. **食物多样,谷类为主** 食物多样有利于发挥营养素的协同作用,是平衡膳食模式的基本原则。建议每天至少摄入 12 种以上食物,每周 25 种以上,提供人体所需的各种营养素。

谷薯类品种多、营养丰富,是中国人历代的主食,是平衡膳食的重要特征。建议每天摄入谷薯类食物 250～400 克,碳水化合物提供的能量应占总能量的 50％以上。

2. **吃动平衡,健康体重** 各个年龄段人群都应该天天运动,保持健康体重。平均每天主动身体活动 6000 步;推荐每周至少进行 5 天中等强度身体活动,累计 150 分钟以上,维持能量平衡。健康体重以体重指数(BMI)为标准,监测身体脂肪比例,BMI 通常为18.5～23.9。

3. **多吃蔬果、奶类、大豆** 蔬菜富含碳水化合物、维生素和矿物质,推荐每天摄入 300～500 克;天天吃水果,推荐每天摄入 200～350 克;奶类含有酪蛋白、乳蛋白等完全蛋白质,还含有丰富的钙、磷、铁、锌、铜等矿物质,建议每天摄入液态奶 300 克;豆类植物所含蛋白质比例高且组成接近人体的需要,富含矿物质,建议每天摄入 25 克以上。

4. **适量吃鱼、禽、蛋、瘦肉** 鱼、禽、蛋、瘦肉可提供人体所需的优质蛋白质、维生素 A、B 族维生素等,鱼类含有较多的不饱和脂肪酸。建议每天摄入鱼、禽、蛋、瘦肉总量为 120～200 克;每周摄入鱼类、畜禽肉各 280～525 克,蛋类 280～350 克。

5. **少盐少油,控糖限酒** 高血压、肥胖和心脑血管疾病等慢性病发病率高与食盐、脂肪摄入过多密切相关。建议成人每天的食盐摄入量不超过 6 克;过多摄入糖可增加龋齿、超重发生的风险,建议每天摄入糖不超过 50 克;喝酒过多会造成肝、胃、神经系统的损伤,要控制在每天 25 克以下。

6.杜绝浪费,兴新食尚 勤俭节约,珍惜食物。选择新鲜卫生的食物,传承优良饮食文化,树健康饮食新风。

(二)饮食要因时而异、因人而异

中医对食物的研究颇有造诣,认为"药食同源"。所有的食物根据其特性,分为酸、苦、甘、辛、咸五味,也有着寒、热、温、凉之分。进食时,既要根据季节的寒热,又要根据个体的差异加以选择,只有这样才能达到一定的效果。

如在万物初生的春季,应多吃健脾胃的五谷杂粮和蔬果,如糯米、黑米、高粱、燕麦、南瓜、扁豆等食品;在炎热的夏季,应适量食用鸭梨、荸荠、冬瓜、酸梅、绿豆汤等清凉食品,以清热解暑;在干燥的秋季,应食用橘子、甘蔗、苹果等补阴之品,以和缓秋燥;在寒冷的冬季,应服用阿胶、枸杞子、鳖甲、黑芝麻等补血之品,以滋阴补虚。

(三)中国居民平衡膳食宝塔(2016)

中国居民平衡膳食宝塔(2016)是根据《中国居民膳食指南(2016)》的核心内容,把平衡膳食的原则转化为各类食物的数量和比例的图形化表示(图 1-1)。

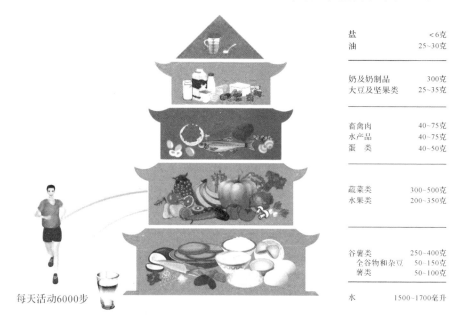

图 1-1　中国居民平衡膳食宝塔(2016)

平衡膳食宝塔共分 5 层,各层面积大小不同,体现了 5 类食物和食物量的多少,5 类食物包括谷薯类,蔬菜水果类,畜禽鱼蛋类,奶类、大豆和坚果类,以及烹饪用油、盐,其食物数量是根据不同能量需要设计的。宝塔旁边的文字注释,标明了在总能量为 1600~2400 千卡时,每人每天各类食物摄入量的平均范围。

(四)大学生的合理膳食

大学生的年龄在 18~25 岁,正是生长发育最旺盛的时期,各脏器功能基本成熟,脑力和体力的活动频繁,必须有丰富的营养供给。一般来说,男生每日需要的能量为 2500 千卡,女生每日需要的能量为 2100 千卡。

大学生在平衡膳食宝塔的基础上,还应做到以下几点:

(1)保证早餐,增加夜宵,多吃谷类和蔬菜,保证碳水化合物、B 族维生素的供给,以提供充足的能量,满足旺盛的机体代谢需求。

(2)保证鱼、肉、蛋、奶、豆类的摄入,使优质蛋白质的供应达到 30% 甚至 40% 以上。

(3)增加富含不饱和脂肪酸、多不饱和脂肪酸的海鱼和海虾等食物的摄入量,以补脑健脑。

三、食品安全规范

(一)食物中毒

食物中毒是指摄入了含有生物性、化学性有毒有害物质的食品,或把有毒有害物质当作食品摄入后出现非传染性的急性、亚急性疾病。据国家卫生计生委通报,2015 年全国食物中毒报告 169 起,中毒 5926 人,死亡 121 人。

食品污染可分为生物性污染(如细菌、病毒、寄生虫及真菌的污染等)、化学性污染(如农药残留、有害金属和非金属的污染等)、放射性污染(如放射性废物的排放、核泄漏等)等。据此,食物中毒可分为细菌性食物中毒、化学性食物中毒、动物性食物中毒、植物性食物中毒及真菌性食物中毒五类。

1.细菌性食物中毒 细菌性食物中毒是指摄入被致病菌或其毒素污染的食物后发生的疾病。沙门菌、大肠杆菌、金黄色葡萄球菌和肉毒杆菌等类型的细菌性食物中毒较为多见。

(1)细菌性食物中毒的特点。①有明显的季节性,夏、秋季节较常见。②发病呈暴发性,潜伏期短(大多在 24 小时以内),来势急剧,短时间内可能有多人发病,发病曲线呈突然上升的趋势。③中毒病人常常出现头晕发热、恶心呕吐、腹痛腹泻等症状,常因上吐下泻而出现脱水症状,严重时出现运动神经麻痹、共济失调、言语不清等症状(图 1-2),患者在近期内都食用过同样的食物,停止食用该食物后病症很快停止。④人与人之间无传染性。

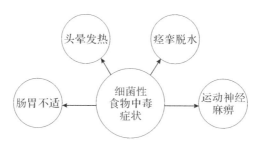

图 1-2　细菌性食物中毒症状

(2)细菌性食物中毒的病因。①食物在屠宰、储藏、运输、销售等过程中受到致病菌的污染。②未烧熟、煮透,或熟食品受到生熟交叉污染,或受到从业人员中带菌者的污染。③食物被致病菌污染后在较高的室温下存放,致使致病菌大量繁殖并产生毒素。④食物在加工或包装时受到致病菌的污染,如加工设备的不洁、包装材料的不卫生等。

(3)细菌性食物中毒的预防。①不买未经检验的肉,或病死的牲畜肉、家禽。②煮熟的食物要尽快食用,销售时缩短出售时间。如果需放置较长时间,则应存放在冰箱中,防止细菌繁殖,食用前再回锅加热。③要注意生熟分开,防止交叉污染。④吃剩的饭菜和买来的熟肉或其他熟食品,食用前要再加热,以杀灭细菌。

2.化学性食物中毒　食用被有毒金属、非金属及其化合物、农药等化学物质污染的食品,或直接误食这些化学物质引起的中毒,统称为化学性食物中毒。其污染来源主要有:工业有害废水、废气,有机磷农药,食品添加剂,合成色素,防腐剂,兽药及亚硝酸盐等。

(1)有机磷农药中毒:误食农药、喷洒过农药的瓜果蔬菜、被农药毒杀的家禽等引起。主要中毒症状为头痛头晕、恶心呕吐、多汗、胸闷、视力模糊,重者瞳孔缩小、呼吸困难甚至衰竭。

预防:加强农药的管理,不滥用农药。喷洒过农药的瓜果蔬菜应过安全期后再采摘。食用瓜果蔬菜时需用清水漂洗 15 分钟以上,以降低农药残留量。

(2)亚硝酸盐中毒:近年来较多发生的化学性食物中毒,是指食用未腌透的、工业用亚硝酸钠腌制食品、变质的蔬菜而引起的中毒。主要中毒症状有头晕、胸闷乏力、恶心呕吐、腹泻腹胀,全身皮肤及黏膜呈现青紫色,重者出现昏迷、呼吸衰竭甚至死亡。

预防:变质蔬菜不要食用;腌菜需 20 天以上方可食用;肉制品中硝酸盐和亚硝酸盐的用量不得超过国家标准。

3.动物性食物中毒　易引起动物性食物中毒的食物有海中青皮鱼(如金枪鱼等)、动物的甲状腺和肝脏、河豚、滤食性贝类、不新鲜的鱼肉等。

(1)青皮红肉类的鱼(如鲅鱼等),含有较高量的组氨酸。当鱼体不新鲜或腐败时,污染于鱼体的细菌使组氨酸脱羧生成组胺,组胺可引起毛细血管扩张和支气管收缩,出现头晕、头痛、心跳加快、胸闷、呼吸急促和血压下降等症状。

(2)河豚的肝、鱼子、血液、鱼皮都含有河豚毒素,河豚毒素对热稳定,煮沸、盐腌、日晒均不被破坏,中毒发病急速而剧烈。人在食后 10 分钟到 3 小时即发病,病情发展迅速,重者在 10~30 分钟死亡。

(3)青鱼、草鱼、鲢鱼等的鱼胆不论生食或熟食,都可以引起中毒。这主要是由于鱼胆胆汁所含组胺类物质的致敏作用而引发中毒,中毒程度与鱼胆的胆汁量有关。中毒会出现上腹部疼痛、恶心、剧烈呕吐、腹泻等胃肠道症状,病情发展快,病死率高。

(4)动物肝脏富含维生素 A,每克可达数千至上万单位,大量摄入时,便可发生维生素 A 中毒。维生素 A 酸在体内蓄积会表现出恶心呕吐、腹痛腹泻、头痛头晕、眼结膜充血、视物模糊等症状。

(5)贝壳类等滤食性生物摄取藻类时会将藻类中的毒素积聚在体内。人若生吃了含毒素的贝类,便会出现麻木刺痛、呕吐腹泻、腹部痉挛、出疹、发热等症状,甚至传播疾病,故食用贝类食物时一定要烧熟。

4.植物性食物中毒　易引起植物性食物中毒的有生四季豆、生白果、苦杏仁、"假沸"的豆浆、发芽的马铃薯、新鲜的黄花菜等。

(1)四季豆在烹调时未烧熟,含有皂苷或植物血凝素,对机体的消化道黏膜有强烈刺激而引起中毒。一般潜伏期 1~5 小时,中毒表现为恶心、呕吐、头晕、头痛、四肢麻木、胃部烧灼感、心慌等症状。因此,四季豆在炒前要在开水中焯一下,烹饪时要炒透煮熟,无豆腥味即可。

(2)发芽或变绿的马铃薯含有大量的龙葵碱。龙葵碱稳定性好,蒸、炒等都不被破坏。其中毒表现为咽干、胃有烧灼痛、吐泻等症状,严重时出现头痛、瞳孔散大、心衰、呼吸麻痹甚至死亡。

(3)煮豆浆时易出现"假沸"现象,此时豆浆中的胰蛋白酶抑制素或皂苷尚未被破坏,若饮用会出现恶心、呕吐、腹痛、腹泻等症状。故豆浆应持续加热沸滚 3~5 分钟后才能饮用。

5.真菌性食物中毒　真菌性食物中毒是指由食入霉变食品而引起的中毒。常见的真菌性食物中毒包括以下几种类型：

（1）黄曲霉毒素中毒。主要是由黄曲霉菌及其他曲霉菌等引起的中毒，这些真菌主要寄生于花生、玉米、大米等谷物中。急性中毒可致肝、肾损害，慢性中毒可致肝癌、肾癌。

（2）霉变甘蔗中毒。检出病原主要为串珠镰孢霉菌，其所产生的毒素可刺激胃肠道黏膜，出现恶心、呕吐、腹痛、腹泻、头痛、头晕等症状。

（二）食物中毒的预防

食品安全是一项系统工程，需要全社会共同努力，对食品安全实行全社会共治。2015 年 4 月，中华人民共和国第十二届全国人民代表大会常务委员会第十四次会议修订通过了《中华人民共和国食品安全法》。该法规定了食品安全工作要实行预防为主、风险管理、全程控制、社会共治的基本原则。要建立从田间到餐桌的全链条监管，从严惩处违反食品安全的违法行为，让剧毒高毒农药使用、滥用食品添加剂、婴儿乳品配方过滥、保健品乱象等食品安全问题无处藏身，还大众安全放心的食品。

《中华人民共和国
食品安全法》

四、转基因食品

通过生物工程技术将一种或几种基因转移到其他物种上去，使其有效地表达出相应的产物，此过程称为转基因。以转基因生物为原料加工生产的食品就是转基因食品。

（一）转基因食品的发展

世界上最早的转基因作物是烟草，烟草于 1983 年在美国诞生。1996 年，美国开始生产和销售转基因作物。国际农业生物技术应用服务组织发布的《2017 年全球生物技术/转基因作物商业化发展态势》报告指出：2017 年转基因作物的全球种植面积已达 1.898 亿公顷，已上市的作物有玉米、大豆、棉花、油菜、甜菜、木瓜、马铃薯等；全球共有包括中国在内的 67 个国家（和地区）应用了转基因作物。

中国自 1993 年就由国家科学技术委员会颁布了《基因工程安全管理办法》，对农业转基因技术按照"加快研究、推进应用、规范管理、科学发展"的政策进行管理。2001 年 5 月国务院颁布了《农业转基因生物安全管理条例》，对农业转基因生物的研究、试验、生产、加工、经营和进出口活动进行了规范。

（二）转基因食品的优点

1. 育种时间短　转基因技术改变了过去杂交的育种方式，采用植入基因的方法，成功率高，目的明确。

2. 按需植入基因　转基因技术可根据需要植入基因，生产出能预防疾病的蔬菜、水果、粮食等，这些神奇的"疫苗食品"受到了人们的欢迎。

3. 抵御自然界影响　目前科学家已成功研制出抗虫害、抗杂草、抗旱、抗涝、抗盐碱的转基因玉米、黄豆、油菜、马铃薯、西葫芦等食品。转基因食品可以摆脱季节、气候的影响，让人们一年四季都可吃到新鲜的瓜菜。

4. 周期短、产量高　通过转基因技术可大幅度地提高单位面积产量，大幅缩短生长周期，改善食品本质，降低农业成本，缓解世界粮食短缺的矛盾。

（三）转基因食品的安全性

转基因食品不同于相同生物来源的传统食品，遗传性状的改变将可能影响细胞内的蛋白质组成，进而造成成分浓度变化或新的代谢物生成，其结果可能导致有毒物质产生或引起人的过敏症状，甚至有人怀疑基因会在人体内发生转移，造成难以想象的后果。

全球的科学家们目前还无法在短时间内下结论。虽然存在争议，但有一点是要提醒您的，那就是各类转基因食品必须标注"转基因××食品"或"以转基因××食品为原料"。

第二节　睡眠与健康

睡眠是生物主动休息，贮存能量，补充精力和体力的一种状态。充足的睡眠、均衡的饮食和适量的运动，是国际社会公认的三项健康标准。据世界卫生组织调查显示，全世界有 27％的人有睡眠问题。

一、浅说睡眠

不同年龄的人需要的睡眠时间是不同的，婴儿的睡眠时间为 20～24 小时，幼儿需要 9～12 小时，学童需要 9～10 小时，成人需要 7～9 小时，老年人需要 6～8 小时。

(一)睡眠分期

睡眠有着固定的生物节律,在 90～100 分钟内经历 5 个不同的阶段,分别称为入睡期、浅睡期、熟睡期、深睡期和快速眼动期。

(1)入睡期是睡眠的开始,此时脑电波开始出现变化,频率变慢,振幅变小。

(2)浅睡期是指进入睡眠状态,此时脑电波呈不规则进行状态,频率与振幅忽大忽小。

(3)熟睡期和深睡期是沉睡阶段,人在此阶段不易被叫醒。此时脑电波频率较慢,振幅较大,呈变化缓慢的曲线,身体活动减少、感觉灵敏度降低,称为非快速眼动睡眠。前四个阶段一般为 60～90 分钟。

(4)快速眼动期是第五个阶段,此时脑电波迅速改变,出现高频率、低波幅的脑电波,类似清醒时的脑电波,自主神经系统活动(如心率、呼吸)增强,血压升高,出现快速的眼球运动。

(二)睡眠结构

正常的睡眠结构周期由两个交替出现的不同时相组成:一个时相称为慢波睡眠,又称非快速眼动睡眠(NREM);另一个时相称为异相睡眠,又称快速眼动睡眠(REM)。

人的睡眠状态,是 NREM 和 REM 反复循环的过程,一个睡眠过程通常有4～6 次循环;循环中 NREM 逐渐缩短,REM 逐渐延长。在整个睡眠中,NREM 约占 80%,而 REM 约占 20%。

二、睡眠的作用

(1)睡眠能改善大脑的机能和状态,促进激素和神经系统的调节功能,进而令成人反应能力提升、小儿生长加快。

(2)睡眠能促进机体的合成代谢,消除疲劳,恢复体能和增强活力。

(3)充足睡眠能提升机体的免疫力,使免疫细胞增多,免疫功能增强,减少疾病的发生。

(4)睡眠能促使机体的新陈代谢,排除体内的有害物质,延缓衰老而长寿;能促进皮肤肌肉的紧致,达到美容的目的。

(5)充足睡眠能使人精神焕发,减少抑郁情绪;反之,则会使人精神萎靡、烦躁、易冲动。

三、睡眠不足的危害

（1）影响人体心血管系统。睡眠不足会导致交感神经兴奋性增高，心血管活动不稳定，血管损伤，使高血压的发病率增高；睡眠不足与心律失常、病态窦房结综合征、心绞痛、心肌梗死、心源性哮喘等疾病的发生密切相关。

（2）影响人体内分泌系统。睡眠不足会导致人体内分泌系统紊乱，胰岛素分泌下降，血糖失去平衡；非睡眠状态下，生长素分泌减少，会影响青少年的生长发育和身高；睡眠不足会促使人进食，导致肥胖的发生。

（3）影响人的大脑思维。睡眠不足会导致人的皮质类固醇激素分泌紊乱，晚上激素水平升高，白天激素水平下降，人会出现头昏脑涨、注意力不能集中，甚至出现头痛、记忆力减退等情况。

（4）增强人的不良情绪。睡眠不足会导致人的不良情绪增加，使人心情忧虑、烦躁，工作失去耐心，焦躁易怒，而这些正是抑郁症的前期表现。

（5）促使机体衰老。睡眠不足导致新陈代谢不足，黑眼圈加深，眼袋增大，眼睛布满血丝，皮肤代谢差，皮肤粗糙、干涩、多皱、暗沉，内脏器官功能降低，癌症等发病率上升，人体衰老加快。

四、改善睡眠的方法

为唤起民众对睡眠重要性的认识，2001 年国际精神卫生组织将每年的 3 月 21 日定为"世界睡眠日"。2003 年中国睡眠研究会把"世界睡眠日"引入中国。关注睡眠质量就是关注生活质量，关注睡眠就是关注健康。

（1）营造良好的睡眠环境。要有清静的卧室和舒适的卧具；空气新鲜，气温适宜，冬暖夏凉，打造舒适的自然环境。睡前要做放松性运动，温水洗漱；不能过饱过饥，不能过量饮水或睡前饮用咖啡和浓茶等兴奋食品。睡眠时要尽量侧卧，双腿微屈，自然放松，营造良好的生理环境。

（2）顺应生物钟。要坚持有规律的作息，特别是周末也应按时睡眠，定时起床；午睡时间不宜太长，形成良好的生物钟。要预防网瘾，避免长时间上网影响睡眠。

（3）饮食调节睡眠。食疗是较好的调节睡眠的方法。牛奶、龙眼、小米、莲心、百合、苹果、梨、香蕉等食物都有安神的功效，对睡眠有调节作用。药物治疗一般在食疗无效的情况下再采用。

第三节　运动与健康

一、生命在于运动

"生命在于运动"是法国启蒙思想家伏尔泰的至理名言,早已被运动爱好者们普遍接受。运动使人体格强壮、快乐自信、充满活力。习近平总书记强调体育承载着国家强盛、民族振兴的梦想,"体育强则国家强,国运兴则体育兴""要广泛开展全民健身运动,促进群众体育和竞技体育全面发展""推动全民健身和全民健康深度融合"。

(一)运动的益处

运动可使人健康长寿,祛病延年,是生命的要素之一。运动对身体的益处主要表现在以下几个方面。

1. **增强运动能力**　运动最直接的效果是提高肌肉的力量和耐力,使身体的柔韧度和体脂比例趋于合理,增强关节韧带的韧性和强度,促使骨密质增厚、骨松质排列更整齐,使运动机能不断增强。

2. **增强各系统功能**　运动时心跳加快,心肌收缩加强,呼吸功能增强,心肺功能改善。有报道称,合理的运动可使心血管疾病的死亡率降至1/8。运动能加强胃肠道的蠕动、促进消化腺的分泌,改善胃肠道血液循环,促进食欲和胃肠道营养物质的消化吸收,减少胃炎和便秘等疾病的发生。运动能促使机体代谢增强,促进对人体有害物质的排泄,增强肾脏功能。

3. **延缓各器官衰老**　运动能刺激各内分泌系统的代谢,促进内分泌腺(包括性腺)的分泌,加速机体的血液循环,使体内免疫细胞增加、营养供应充分,从而达到皮肤肌肉致密有弹性、体质增强不生病、器官年轻不衰老的目的。

4. **释放疲劳,缓解压力**　运动可刺激内啡肽的分泌增多。内啡肽又称"快乐激素",能使人的身心处于愉悦的状态,降低心理负担,释放心理疲劳,缓解心理压力。

(二)运动的时效

1. **运动的时间**　古语有"闻鸡起舞"之说,古人认为早晨空气新鲜,且人刚刚睡醒,精力旺盛,此时锻炼力量足,运动创伤少,能促进体内激素的分泌,促进心血管等各系统功能增强,加速新陈代谢。因此,对年轻人来说,早起锻炼能较好地起到塑形的效果。

现代医学研究认为,下午到傍晚时分人的机体已完全活动开,身体适应能力和神经的敏感性处于良好状态,且经过上午的调整,人体对自然界的气候也能更好地适应。因此,在冬季或对于老人来说,选择在下午或晚上运动比较适宜。

2. 运动的强度 运动的强度是指单位时间内从事运动所消耗的能量的大小,是身体对运动的反应程度,一般以心率来衡量。心率 120 次/分以下的为低强度运动;心率 120~149 次/分的为中等强度运动;心率 150 次/分及以上的为高强度运动。

比较客观的是主观用力程度分级(RPE)评分法。RPE 评分法于 20 世纪 70 年代由瑞典著名生理心理学家加纳·博格针对成年人创立,是反映运动负荷强度与主观感觉相关性的评分法。该评分法结合心率、人体的主观感受将运动强度分为 1~20 等级:"1"是不做任何努力,"20"是极度努力,一般从"6"开始使用。RPE 6~11 表示从"根本不费力"至"轻松完成";RPE 12~14 为中等强度,主观感受"有点吃力";RPE 15~18 为大强度,主观感受"吃力"或"非常吃力";RPE 19~20 为超大强度,主观感受"非常吃力"。RPE 评分法能对运动时人体机能的变化做出科学和准确的分析,简单有效地推断运动能力、判断运动强度和进行医疗监督,以便对运动强度适时做出调整。

3. 运动的频次 每次锻炼 30 分钟,每周锻炼 3 次,对大多数人来说这是用最少时间获得最大运动效果。体能的改善来自疲劳肌肉的彻底恢复,骨骼肌若每天增加锻炼强度,则会受到损伤。在进行大运动量锻炼后的当天,在显微镜下观察肌纤维会发现出血和微小的撕裂现象。这就是在剧烈运动一天后,肌肉会感到疼痛的原因。休息 48 小时使肌肉微小损伤愈合后,肌肉会变得更强壮。一周锻炼 2~3 次,或变换锻炼内容,将有助于预防肌肉损伤。

(三)运动的准备

1. 热身运动 在静止肌肉中,肌血流量较小,但经热身运动后,体温上升,血管扩张,血管壁阻力减少,局部肌血流量增大,血红素与肌蛋白结合和释放氧的能力增强,神经感受器的敏感度和神经传导速度因体温升高而获得改善,关节、肌腱、韧带和其他结缔组织的伸展性也随之提升。热身运动可增加肌肉收缩时的速度和力量,改善肌肉协调能力,预防或减少肌肉、肌腱、韧带的伤害。

2. 伸展运动 伸展运动必须在准备活动或锻炼后进行,这时肌肉已经发热,造成撕裂的可能性减小。牵拉使肌肉和肌腱变长,而较长的肌肉会在关节周围产生更大的力量,使人跳得更高、举得更重、跑得更快以及投得更远。然而,伸展运动不像对抗阻力锻炼(如负重锻炼),不能强壮肌肉,但可避免肌肉劳损。伸展运动可以预防损伤及防止由肌纤维损伤引起的迟发性肌痛。

二、运动的类型

(一)有氧运动与无氧运动

1. 概念　有氧运动是指在氧气充足的条件下进行的体育锻炼。机体能量来源于细胞的氧化反应。常见的有氧运动项目有长跑、爬山、太极拳以及各种球类运动等。

无氧运动是指肌肉在"缺氧"状态下的剧烈运动。机体能量来源于无氧酵解。常见的无氧运动有百米冲刺、俯卧撑、举重等。

2. 对身体的影响　无氧运动可增强人体的力量和塑形;有氧运动消耗人体的脂肪,增强耐力。大学生可根据自身需要选择运动类型:要加强形体训练的,就把无氧运动放在前面,而后进行有氧运动,有氧运动作为补充能提升塑形的效果;要减肥和增强耐力训练的,就应该把有氧运动放在前面,无氧运动作为补充能增强减肥的效果。

(二)运动的选择

这里主要介绍几种常见的运动项目,如散步类、游泳、蹬车训练、跳舞、唱歌等对身体的促进作用。

1. 散步类　国家体育总局的调查显示,散步类项目(包括散步、健身走等)一直是国人最喜爱的健身项目。健身走要抬头挺胸,迈大步,上臂有节奏地摆动,每分钟走 $60\sim80$ 米,每天步行 $30\sim60$ 分钟,步行时心率达到 120 次/分。

散步类项目贵在坚持,通过长期的有氧运动,达到活动关节、增强心肺功能、调整心态等目的。

2. 游泳　游泳不仅有其他运动所具备的塑形、提高身体柔韧性、增强心肺功能等优点,而且由于水的热传导系数比空气大 20 多倍,即在水中比在空气里散失热量的速度要快 20 多倍,故而游泳能消耗更多热量。水中游 100 米可消耗 418 千卡热量,而要消耗同样的热量,则要在陆地上跑 400 米。在水中由于胸腹部受到更大的压力,呼吸肌作用得以加强,故游泳还可辅助治疗气管炎、哮喘和肺气肿等呼吸系统疾病。

3. 蹬车训练　蹬车训练尤其适合于大腿肌肉无力者。蹬车可强健大腿肌肉、股四头肌、膝关节周围软组织、腰腹部肌肉的力量,增强体能,掌握平衡。中风患者、腰椎间盘突出患者、膝关节损伤患者及老年人等需加强腰腹肌和下肢锻炼的人,均可采用该项目。

4. 跳舞、唱歌　唱歌和跳舞是备受大家欢迎的全身性锻炼方式。明快优雅的音乐使锻炼变得不枯燥,在不知不觉中锻炼了心肺功能、全身肌肉,缓解了压力,提升了机体的免疫力。

(三)运动的恢复

1.减缓运动　当锻炼突然停止时,血液会堆积在下肢,大脑得不到足够的血供,会引起头晕等症状。因此,在锻炼快结束时,有必要有个减缓运动的过程,使血液流回心脏等重要器官,再停止运动,该过程称为减缓运动。

减缓运动有助于清除乳酸,减轻运动后的肌肉酸痛等症状。

2.运动补水　运动中合理补充水分,不仅有助于身体血液的循环和电解质的平衡,而且有助于提升运动能力、消除疲劳。

在运动前可适当多补充些水分,运动中及训练后要以少量多次的方式来饮水,应饮用温水或运动饮料,使身体保持水和电解质的平衡,减少对胃等脏器的刺激,降低运动时产生的热量,使身体尽快恢复。

三、运动创伤

(一)运动创伤与疾病

随着全民体育运动的广泛开展,体育锻炼人员的日益增多,不可避免地带来了运动的创伤、劳损和疾病。运动创伤学是为了揭示运动创伤的原因和规律,制定预防、处置及康复措施,使人们更好地享受运动带来的乐趣。

1.运动创伤的分类　运动创伤按损伤部位可分为:

(1)肌肉、肌腱、韧带、筋膜、滑囊、关节囊等的损伤,这类损伤最多。

(2)关节软骨的损伤,如膝关节半月板的损伤等。

(3)骨组织的劳损和创伤,最常见的是骨膜炎、骨折等。

(4)神经组织的微细损伤,以神经牵拉、局部压迫、粘连等原因为多见,伤后该神经支配的区域出现感觉和运动障碍,多能恢复。

(5)其他组织器官的损伤,如腹腔内脏器破裂、内出血等,较为少见。

2.运动创伤的特点

(1)轻伤多。运动造成的严重创伤很少,大部分属于轻度创伤。所谓轻度,是对一般人而言的,或在普通骨科领域可能视为小伤,但对运动员而言仍需引起高度重视。

(2)软组织伤多。其中以肌肉、肌腱、韧带、筋膜、滑囊、关节囊损伤最多,其次是关节软骨、半月板等损伤。损伤类型与运动项目、运动技术有关。

(3)慢性损伤多。多为积累性的小伤所致,或慢性劳损,或伤病未彻底治愈,或反复发作。

（4）复合损伤多。运动时各个部位、各种组织都可能发生创伤。坚持长年训练的专业运动员往往有多处复合损伤；初涉运动或缺乏科学指导而盲目自练的人，尤其是青少年，也会旧伤未愈、新伤又起，复合损伤也较为常见。要想改善复合损伤，改进与安排训练非常重要。

（二）运动创伤的原因

（1）盲目进行体育锻炼。忽视了循序渐进和量力而行的原则，急于求成。

（2）准备活动不充分。准备活动的内容与体育锻炼的内容结合得不够好。

（3）运动时违反了人体结构的特点、器官系统功能活动的规律以及运动生物力学的原理。

（4）身体技能状态不良。身体的协调性下降，心理状态不佳，情绪低落，缺乏锻炼的积极性，不顾主观和客观条件盲目地或冒失地参加运动。

（5）场地不符合标准，器械故障，对手粗野，不良的环境因素（如雨后路滑、光线不足、气温过高或过低）等均能引起创伤。

（三）运动创伤的现场救治

运动时若发生损伤，会出现疼痛、肿胀、炎性反应等症状。为防止损伤的加重所采取的应急手段称为应急处置，也称为"RICE原则"，包括制动（rest）、冷敷（ice）、加压（compression）、抬高（elevation）四方面。

1. 制动　损伤后立即停止运动，把出血控制在最小限度内，了解受伤的程度。用石膏、支架等把患部固定住，防止再出血、功能损伤等并发症的发生。

2. 冷敷　在患部敷上冰袋，是效果最明显的应急处置，待感觉消失或者20分钟后把冰袋拿掉。冷敷可使局部毛细血管收缩，减轻局部血管出血，有消炎、止血、止痛等作用。冷敷还可以使血液黏度增加，毛细血管的通透性降低，减少或限制流向伤处的血流量。

3. 加压　可使用弹力绷带进行加压包扎，睡觉时可把弹力绷带拆除。加压包扎可使患部减轻内出血，促进其吸收，减轻伤肢周围的浮肿。冷敷是间断性的，而加压则在一天中都可以连续使用。

4. 抬高　抬高是指把患部抬到比心脏高的位置。同冷敷、加压一样，抬高对减轻内出血也是非常有用的。它不仅可以减少通向损伤部位的血液，而且可以减轻来自体液的压力，以促进静脉血的回流，患部的肿胀及淤血也会因此得到相应的减轻。冷敷、加压包扎和伤肢抬高都是重要的处置手段。

如果受伤严重，以上四个步骤应坚持做24～48小时。

(四)治疗原则

1.伤后特训　伤后特训是治疗运动损伤的首要内容。为使运动员保持已有的训练水平,防止因伤停训引起的"停训综合征",通过肌力练习防止伤部肌肉萎缩,加强关节稳定,改善伤部组织代谢与营养,消除粘连,缩短修复时间。运动员受伤后应根据伤情、损伤机制、解剖特点等安排训练计划,进行恢复训练。

2.使用黏膏支持带或保护带　使用黏膏支持带或保护带保护已伤关节,是防止再伤和使运动员迅速投入训练的有效措施。

3.局部治疗　局部治疗包括按摩、理疗、外敷药、局部封闭等,其作用是消炎止痛、改善伤部代谢、消除水肿、加速愈合、消除瘢痕粘连与挛缩等。

4.全身治疗　运动损伤的发生常与全身状态不良有关,治疗时也应注意改善全身状态,如内服中药,补充维生素 B、C、E 等。

四、创伤性疾病

(一)自发性气胸

自发性气胸是由于肺脏表面及脏层胸膜破裂,使胸膜腔与支气管相通,空气进入胸膜腔(图 1-3)。在无肺部疾患的健康青年中,自发性气胸大多与用力屏气或运动有关。

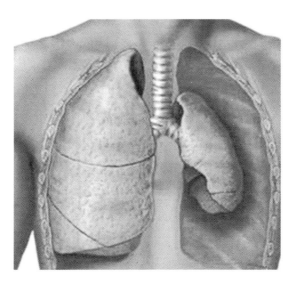

图 1-3　自发性气胸

1. 原因　自发性气胸常有其体形特点,即瘦高个,年龄多在 20~30 岁,属外胚层体型。因其胸廓窄长,胸腔前后径较小,肺的快速成长与肺血管增长相对不成比例,使脏层胸膜的血液相对缺乏,肺泡或间质肺泡破裂所致。

2. 防治

(1)锻炼要循序渐进,运动量要逐渐增加。

(2)若发生呼吸道感染,要充分恢复后才可参加剧烈的运动和比赛。

(3)出现剧烈咳嗽时,应立即采用有效的止咳药物,以免因剧烈咳嗽造成肺组织或肺大泡破裂,导致自发性气胸。

(4)肺压缩比例小于 15% 者,卧床休息即可。

(5)肺压缩比例较大者,则需进行胸腔抽气,抽气治疗 7 天无效者,可采取外科手术治疗。

(二)运动性血尿

健康人在运动后出现的一过性血尿,虽经详细检查但找不到其他原因,称为运动性血尿。

1. 影响因素　各项运动都可能出现运动性血尿。运动性血尿的发生,与身体负荷量和训练强度的加大过快有直接的关系,与身体适应能力密切相关;在寒冷和高原环境下训练的运动员易出现血尿,这可能与寒冷、低氧环境对身体和肾脏的刺激有关。

2. 预防措施

(1)遵守运动训练的科学原则,负荷量和训练强度要循序渐进,做好全身和腰部的充分准备活动。

(2)合理安排训练和比赛,适当补充水分。

(3)注意外界环境的变化,适时调整运动强度。

第四节　物质滥用

一、控制烟草

烟草是人类健康的致命杀手。世界各国近 40 年来对烟草危害的广泛研究显示,烟草的烟雾中至少含有 69 种对人体有害的物质,这些物质可导致肺气肿、气管炎、肺心病、心脑血管病等多种疾病,引起肺癌、胃癌、肝癌、口腔癌等多种肿瘤;吸烟者的平均寿命比不吸烟者至少缩短 10 年。

中国是全球烟草种植、生产、销售大国,约有 3 亿烟民和 7.4 亿二手烟受害者,每年约有 140 万人死于烟草相关疾病。

(一)烟草的致病性

(1)香烟燃烧时主要释放尼古丁、烟焦油、一氧化碳、二噁英等致病成分。

尼古丁是一种无色透明、有挥发性的油状剧毒液体,每支香烟中含有 1.5~3.0 毫克的尼古丁,而 40~60 毫克纯尼古丁就可以毒死一个成年人。尼古丁能使吸烟者产生依赖,使人成瘾;会刺激血管平滑肌痉挛,使血压升高,促使心肌梗死的发生;会刺激胃酸分泌,导致胃平滑肌痉挛,促使溃疡及胰腺炎的发生。

烟焦油的主要成分是苯并芘和二甲亚硝胺。它们能够改变细胞的遗传结构,致使细胞不正常分裂,诱发食管癌、喉癌、口腔癌、肺癌等恶性肿瘤。

一氧化碳与血红蛋白的结合力比氧气大 240~300 倍,大量吸入将严重削弱红细胞与氧气的结合能力,易引起心肌梗死、中风等心血管系统疾病。

(2)刺激性烟雾可导致肺气肿、青少年哮喘等呼吸道疾病的发生,还会使牙齿变黄、口臭增强。

(3)吸烟会导致骨质疏松,使男性性功能丧失、女性更年期提早来临;会导致孕妇早产、流产。

(4)吸烟产生大量的自由基,诱发各种肿瘤和慢性病。

(5)二手烟的暴露同样可以导致以上疾病的发生,甚至比对吸烟者造成的危害更大。

（二）烟草的控制

2006 年 1 月，中国正式获批为《WHO 烟草控制框架公约》缔约国。2016 年发布的《"健康中国 2030"规划纲要》提出"到 2030 年，15 岁以上人群吸烟率降低到 20%"的控烟目标。

目前我国已有 18 个城市颁布了公共场所禁止吸烟的地方性法规。2015 年 6 月，有"最严控烟令"之称的《北京市控制吸烟条例》正式实施，北京卫生、工商等部门 1000 多名卫生监督人员联动上岗执法，持续对党政机关、医院、学校、宾馆、饭店、娱乐场所等重点单位进行集中三天的监督检查。北京 12320 热线也启动了对控烟投诉举报的接听，表明我国在立法禁烟上迈出了新的一步，与公共场所"有屋顶即禁烟"的国际惯例更加吻合。

2017 年 11 月，第十八届全国控烟学术研讨会在郑州召开，中国控烟协会启动了"控烟与健康行"活动，拟用为期三年的时间，通过"五个一"的形式，走进社区、学校、机关及企事业单位，在全国进行控烟科普公益巡讲传播。"五个一"主要是指：一个启动仪式，即宣读控烟倡议书，呼吁参与者远离烟草危害；一个以"控烟与健康"为主题的讲座；一本《烟草危害：科学与谬误》控烟科普读物的赠送；一个免费提供的一氧化碳专业检测；一个公益义诊。倡导健康文明生活方式，远离烟草伤害。

二、禁止毒品

毒品是指鸦片、海洛因、甲基苯丙胺（冰毒）、吗啡、大麻、可卡因以及国家规定管制的其他能使人形成瘾癖的麻醉药品和精神药品。根据联合国制定的《修正的 1961 年麻醉品单一公约》（简称《61 公约》）、《1971 年精神药物公约》（简称《71 公约》）的规定，毒品分为麻醉药品和精神药品两类：麻醉药品具有麻醉、镇痛作用，主要包括阿片类（天然与合成）、可卡因类和大麻类三种；精神药品可使中枢神经系统兴奋、抑制或致幻，主要包括兴奋剂、镇静剂和致幻剂三类。

（一）常见毒品

1. **鸦片** 鸦片俗称"大烟""烟土"。草本类植物罂粟果中的汁液经加工后成褐色的膏状物，称为生鸦片。生鸦片煎制后便成为烟膏。鸦片的主要成分是吗啡、可卡因等，占 10%～20%。

2. **吗啡** 吗啡是从鸦片中提炼出来的生物碱，为白色结晶粉末状，略有酸味，是医学上的镇痛剂，采用皮下或静脉注射。过量吸食会出现昏迷、瞳孔极度缩小、呼吸抑制，甚至出现呼吸停止而死亡。

3. **海洛因** 海洛因是系列吗啡类毒品的总称，是以吗啡生物碱为合成起点得到的半合成毒品，纯度高的海洛因又称"白粉"。海洛因有 100 多年的历史，成瘾快、毒性烈，曾被称为"世界毒品之王"。持续吸食海洛因一般只能活7～8 年。

4. **大麻** 大麻通常被制成大麻烟吸食，其价格便宜，在西方国家被称为"穷人的毒品"。初吸大麻有兴奋感，不久转为恐惧。长期使用会出现人格障碍、双重人格、记忆力衰退、反应迟钝、抑郁、头痛、心悸、瞳孔缩小和痴呆等，有攻击性行为，易发生违法犯罪行为。

5. **可卡因** 可卡因是从古柯植物叶片中提炼出来的生物碱，为白色薄片状无味结晶体。可卡因对中枢神经系统有高度毒性，可刺激大脑皮质，产生兴奋感及视、听、触的幻觉，是最强的天然中枢兴奋剂。可卡因用后极短时间内即成瘾，伴以失眠、食欲不振、恶心及消化系统紊乱等症状，导致呼吸衰竭而死亡。70 毫克的纯可卡因可以使体重 70 千克的人当场丧命。

6. **甲基苯丙胺** 甲基苯丙胺又称"冰毒"，主要从野生麻黄草中提炼出来，在日本使用过冰毒的人数超过 200 万人。甲基苯丙胺为白色块状结晶体，易溶于水，长期注射使用可导致永久性失眠、大脑功能破坏、心力衰竭、焦虑、紧张或激动不安，甚者导致精神分裂及中毒死亡。20 世纪 90 年代，"摇头丸"从美国流入我国香港，后传入我国内地。"摇头丸"是冰毒的衍生物，服后使人亢奋，听到音乐后摇头不止，持续时间可长达 6～8 小时，并出现幻觉和性冲动，行为失控，引发打架斗殴、强奸等刑事案件。1996 年 11 月 25 日，联合国禁毒署在上海召开了国际兴奋剂专家会议，一致认为苯丙胺类兴奋剂将取代传统毒品，成为 21 世纪全球范围滥用最广泛的毒品。

7. **一氧化二氮（笑气）** 一氧化二氮是一种无色、有甜味的气体，具有轻微麻醉作用，又因其可用于制作蛋糕裱花气体，故俗称"奶油气弹"。笑气在临床上用作吸入性麻醉药，能够让人感到轻松、快乐，甚至出现幻觉。笑气的危害虽然比不上其他毒品，但长期或大剂量滥用，会影响维生素 B_{12} 的吸收及代谢，造成恶性贫血，导致末梢神经及脊髓病变，出现手脚麻木、无力等症状，还可能造成精神异常，如嗜睡、抑郁或精神错乱等，症状严重时甚至会危及生命。

(二)吸毒的危害

1.生理依赖性　反复用药后使人体产生适应性改变，产生强烈的依赖性。一旦停药后会出现戒断反应，轻者打哈欠、流眼泪、剧烈咳嗽、食欲全无，重者滴水不进、浑身发冷、颤抖或大汗淋漓，出现精神和行为失控，难以戒除。

2.精神依赖性　吸毒者对毒品有一种强烈的用药欲望，会不择手段地去获得、使用它，并且连续使用需不断加大剂量。

3.对机体的伤害　毒品直接伤害人体的中枢神经系统，控制着人的情绪和行为，一旦成瘾则难以戒断。毒品严重损害人体的心脏、肝脏等器官，脏器往往是不可逆损伤，吸毒者多数短命。

4.造成公共社会问题　吸毒通过性行为、注射等传播方式，导致艾滋病、乙肝、丙肝、淋病、梅毒等疾病的传播，造成严重的公共社会问题。

5.吸毒者对家庭和社会的危害　家庭中一旦出现了吸毒者，将使家庭陷入贫困、亲人离散甚至家破人亡的境地。吸毒者造成社会财富的巨大损失和浪费，毒品污染了环境，诱发了各种违法犯罪活动，扰乱了社会治安，给社会安定带来巨大威胁。

(三)远离毒品

日趋严重的毒品问题已成为全球性灾难，引起了世界各国的高度关注。每年的 6 月 26 日是国际禁毒日，目的是希望世界各国重视毒品问题，共同禁毒。

我国国务院设立国家禁毒委员会，负责组织、协调、指导全国的禁毒工作。2008 年 6 月《中华人民共和国禁毒法》(以下简称《禁毒法》)颁布施行，使预防和惩治毒品违法犯罪行为做到有法可依。禁毒工作坚持预防为主，综合治理，禁种、禁制、禁贩、禁吸并举的方针；《禁毒法》明确了开展全民禁毒宣传教育的主体是国家；我国目前禁毒预防教育的重点对象是青少年，在中小学普遍开展毒品预防教育的主要目的是提高其识毒、防毒、拒毒的意识。

2011 年 6 月温家宝总理签署了《戒毒条例》，该条例是与《禁毒法》配套的行政法规，规范了戒毒工作，帮助吸毒成瘾人员戒除毒瘾，普及"爱生命、不吸毒"禁毒意识，充分体现了中国政府禁毒的决心和力度。

三、拒绝酗酒

酗酒，意为无节制地喝酒，酒后行为失控；现一般指对"酒精滥用"和"酒精依赖"。酒精是一种麻醉品,长期酗酒对人体的伤害很大。

（一）酗酒的危害

1.酗酒会抑制中枢神经系统的功能　酗酒会使大脑处于异常兴奋或麻痹状态,其影响随血液中酒精浓度的变化而不同。当血液中酒精浓度达到0.08%时,人就会出现舌根发硬、口齿不清、头重脚轻等醉酒现象;当血液中酒精浓度增加到0.12%时,人会酩酊大醉;当血液中酒精浓度升高到0.16%时,人就会大小便失禁、昏迷不醒、甚至中毒死亡。

长期饮酒者突然停饮,酗酒者的神经系统会发生急性精神障碍,出现震颤谵妄、幻觉等症状,使人行为失常。

2.酗酒对消化系统的影响　酒精进入人体,95%以上的乙醇在肝脏解毒和排泄,患有肝病者饮酒会使毒物在肝内蓄积,损伤肝细胞;长期酗酒会引起食管炎、胃炎、胰腺炎、胃溃疡和酒精性肝病等消化系统疾病,还可导致食管癌、胃癌、肝癌。

3.酗酒对心血管系统的影响　酗酒会使心率加快,血压上升;长期酗酒可使心脏发生脂肪变性,降低心肌收缩力,诱发心律失常、急性心力衰竭等疾病。

4.酗酒对体内营养素的影响　乙醇的相对分子质量小,能穿透人体内组织的细胞膜,对细胞有一定的毒性作用。长期饮酒造成体内多种营养素的缺乏,特别是维生素B_1、维生素B_2、维生素B_{12}的缺乏,影响叶酸的吸收。

（二）酗酒的防范

（1）加强健康教育,使人们认识到酗酒的危害,重视限制饮酒的重要性。

（2）营造限制饮酒的氛围。在一起吃饭尽量避免无节制地劝酒,避免起哄劝酒;尽量少与酗酒者一起喝酒;在青少年、儿童面前不酗酒,发挥言传身教作用。

（3）家庭聚餐尽量选择低度酒,避免醉酒。

（4）要责成酒类生产厂家、经销商做"未成年人禁止饮酒""过量饮酒有害健康"等警示广告,提醒人们节制饮酒。

第五节　环境卫生与健康

　　环境是指人体以外的物质因素和条件。影响人体健康的环境因素有三类：一是物理性因素，如噪声、发射性物质等；二是化学性因素，如有毒化学物质、农药等；三是生物性因素，如细菌、病毒、寄生虫等，它们通过进入空气、水体、土壤和居住环境危害人体健康。环境卫生研究的主要内容有空气卫生、饮用水卫生、土壤卫生、住宅及公共场所卫生等。1972年6月5日联合国在瑞典首都斯德哥尔摩召开了联合国人类环境会议，通过了《人类环境宣言》，提出将每年的6月5日定为"世界环境日"，促进全球环境意识。

一、大气污染

　　空气是人类赖以生存的"气体面包"，由大气层中的气体混合而成。新鲜的空气无味无臭，富含负离子，促进人体身心健康；反之，被污染的空气会严重损害人体健康，导致疾病的发生。

（一）大气污染的原因

　　大气污染的原因可分自然因素和人为因素两种。自然因素有火山喷发、森林火灾等造成空气成分的局部变化。人为因素有三类：

　　（1）生活用废气排放，包括取暖、烧饭排放的煤烟和SO_2等。

　　（2）工业燃烧及生产过程中的废气排放等，包括硫化物（如SO_2）、氮氧化物（NO_x）、氯氟碳化物等。

　　（3）交通运输产生的废气排放，包括飞机、汽车排放的尾气等。

（二）大气污染的危害

　　大气污染对人体的伤害是多方面的：

　　（1）空气中的悬浮粒子进入肺部使人罹患哮喘、支气管炎等疾病。吸入含硅的粉尘会对人体造成永久伤害。香烟尘是常见的悬浮微粒，长期吸入会导致慢性支气管炎、支气管哮喘、肺气肿、肺心病甚至肺癌等疾病。

　　（2）燃烧后产生的硫化物会刺激眼部，引起球结膜充血。汽车尾气中的一氧化碳长期吸入使人缺氧，影响机体功能；过量吸入可以致命。

　　（3）氯氟碳化物是破坏臭氧层的凶手。臭氧层的破坏，令紫外线增多。过多的紫外线辐射会破坏植物的叶绿素，抑制植物的生长，甚至使果实减产；此外，还会令人免疫能力低下,导致皮肤癌、白内障等。

(4)人造地砖、人造大理石、墙面喷漆等含有甲醛、二甲苯和乙烯等几十种对身体有害的物质,还可能释放放射性物质氡,导致妇女不孕、人体过敏等。

(三)大气污染的治理

防治空气污染是一项庞大的系统工程,需要个人、集体、国家乃至全球各国的共同努力。

1.加强监测　根据环保部统一规定,我国空气质量分为5级。其中,3级属于轻度污染,4级属于中度污染,5级则属于重度污染。2012年2月起,新修订的《环境空气质量标准》中增加了细颗粒物(PM2.5)监测指标。细颗粒物是指环境空气中空气动力学当量直径小于等于2.5微米的颗粒物。PM2.5越高,空气污染越严重。检测发现污染等问题后,应及时加以整治。

2.减少污染物的排放　主要包括合理规划工业区、减少汽车废气、加强通风、选择合适时间排放废气等举措。

3.加强空气净化　主要包括规范废气排放标准、改革能源结构、采用无污染能源等措施。

二、水污染

水是生命的第一要素,居人体七大营养素之首,约占体重的70%。人体减少10%的水分便会生病,减少15%的水就有生命危险,失去20%～22%的水就会死亡。

(一)水污染的原因

环保监测数据显示,就地表水而言,受严重污染的劣Ⅴ类水体所占比例较高,全国约10%;流经城乡接合部的沟渠、塘坝污染比较重;涉及饮水安全的突发事件时有发生。

1.物理污染　物理污染主要包括悬浮物污染(如泥沙之类)、热污染和放射性物质污染。其中放射性污染的危害最大。

2.生物污染　水中的细菌、病毒、藻类、真菌(如酵母菌)、寄生虫及虫卵等微生物超过规定标准。

3.化学污染　水中含无机和有机化学成分超标,威胁人体健康。常见的化学污染物有:砷、铬、铅、汞、硒、银、锌、氰化物、锑等金属与无机化合物;农药、多氯联苯、卤代脂肪烃、醚类、苯酚类和甲酚类、亚硝胺等有机化合物。化学污染是危及人体健康及安全的主要的水污染类型。

（二）水污染的危害

水污染对人体的危害性大致可分为三类：

1.以水为媒介的传染病 主要有霍乱、伤寒、脊髓灰质炎、甲型病毒性肝炎等通过水传播而发生的传染病，这些传染病曾夺走了千百万人的生命。例如，1988年上海市有31万多人因曾食用了受甲肝病毒污染的毛蚶，造成甲型肝炎大暴发；诺如病毒可通过污染水源，造成集体性的疫情。

2.急、慢性中毒 化学毒物污染水后，通过饮用进入人体造成急、慢性中毒，出现地方性氟中毒、地方性甲状腺肿和地方性砷中毒。有的中毒者表现为运动失调、视野缩小、发音困难、肌肉萎缩、关节变形、骨骼疼痛、骨折，严重者甚至可能死亡。

3.致突变、致畸和致癌 例如，孕妇摄入甲基汞可发生先天性胎儿甲基汞中毒，使胎儿发育受损，出现先天性痴呆和运动功能失调；饮用水氯化可增加癌症的发生率。

（三）水污染的防治

中国是一个水资源短缺的国家，2017年中国水资源总量为2.8万亿立方米，人均占有量只有2400立方米，约为世界人均水量的1/4，被联合国列为13个贫水国家之一。每年的3月22日是联合国确定的"世界水日"，其宗旨是唤起公众的节水意识，加强对水资源的保护。

我国非常重视对水资源的保护。2015年4月，国务院印发了《水污染防治行动计划》（又称"水十条"），计划投资2万亿元用于污水处理、工业废水处理、全面控制污染物排放等方面。同时实施多方监管，严格实行问责制，铁腕治污将进入"新常态"。2017年6月，修正后的《中华人民共和国水污染防治法》将生态文明建设新要求和"水十条"提出的新措施予以规范化、法制化，责任明确，思路清晰，重点突出，监管全面，惩处有力，为新时代加强水污染防治工作提供了有力法律武器。

"水十条"

三、土壤污染

同水和空气一样，土壤是人类生存的重要环境因素之一，是人类宝贵的资源之一。土壤污染主要包括无机污染、有机污染及生物污染三大类型。土壤污染主要由微生物、工业废弃物、酸雨、汽车尾气、城市垃圾、农药、化肥、大气沉降物等引起,对我国生态环境质量、食品安全和社会经济持续发展构成严重威胁。

(一)土壤污染的危害

(1)被病原体污染的土壤能传播伤寒、副伤寒、痢疾、病毒性肝炎等传染病。

(2)被有机废弃物污染的土壤是蚊蝇滋生和鼠类繁殖的场所。鼠类、蚊蝇是许多传染病的媒介。

(3)土壤被放射性物质污染后,通过放射性衰变,能产生 α、β、γ 射线。这些射线对机体既可造成外照射损伤,又可通过饮食或呼吸进入人体,造成内照射损伤,使受害者出现头昏、疲乏无力、脱发、白细胞减少或增多,甚至癌变等。

(4)土壤中的硝酸盐对人体是有害的,对于婴儿特别是 6 个月以下的婴儿,可直接引起病变。更严重的是,硝酸盐不稳定,它会还原为亚硝酸盐,进而形成毒性很大的亚硝酸。

(5)土壤中的重金属通过食物链的富集效应,最终进入人体,损害人体器官,破坏人体功能,危害人体健康。

(二)土壤污染的治理

2013 年 6 月,世界粮农组织大会通过了将每年的 12 月 5 日作为世界土壤日及确定 2015 年为国际土壤年的决议,提出"健康土壤带来健康生活"的口号,旨在提高人们对土壤在粮食安全和基本生态系统功能方面重要作用的认识。

土壤治理包括"防"与"治":"防",即防止土壤污染;"治",即改良、治理已被污染的土壤。2016 年 5 月 28 日,国务院印发《土壤污染防治行动计划》。该行动计划是当前和今后一个时期全国土壤污染防治工作的行动纲领,其中提出:到2020 年,全国土壤污染加重趋势得到初步遏制;到 2030 年,全国土壤环境质量稳中向好;到 21 世纪中叶,土壤环境质量全面改善,生态系统实现良性循环。

四、噪声污染

凡是使人们休息、学习、工作和听觉受到干扰、无规则振动时发出的声音,统称为噪声。噪声是世界范围内四个主要环境问题之一。噪声污染主要分为环境噪声、交通运输噪声、工业噪声和社会生活噪声等。

(一)噪声的危害

1. 损害人体的神经系统 噪声刺激人的丘脑、下丘脑以及大脑皮质,使大脑皮质的兴奋和抑制过程失调,条件反射异常,自主神经受到损害,出现神经官能症等疾病。若长年无防护地在较强的噪声环境中工作,易导致听觉疲劳,出现噪声性耳聋。

2. 引发多种疾病 在高噪声车间,高血压等心血管疾病的发病率比低噪声车间要高出几倍。噪声会引起消化功能的紊乱而导致胃溃疡等疾病的发生。极强噪声还会影响胎儿发育,造成胎儿畸形,妨碍儿童智力发展。

3. 对生活工作的干扰 噪声对人的睡眠影响极大,会导致难以入眠、多梦、易惊醒等。噪声干扰人的谈话、学习和工作,使人注意力分散、劳动生产率降低、差错率上升等。

4. 对动物也有较大影响 噪声会对动物的听觉、视觉、内脏及中枢神经系统造成病理性损伤,使动物失去行为控制能力,出现烦躁不安等现象,甚至会引起动物死亡。

(二)噪声控制

我国在 1996 年就出台了《中华人民共和国环境噪声污染防治法》,将环境噪声污染防治工作纳入环境保护规划,促进经济和社会发展,保护和改善生活环境,保障人体健康。

1. 降低噪声声源 尽量选用低噪声的设备或改进生产工艺,尽量降低噪声源的强度。

2. 阻断传音途径 控制噪声的传播,采用吸音、隔音、隔振等措施,改变声源已经发出的噪声传播途径,减轻影响。

3. 保护受音器官 长期暴露在高噪声环境中的工人可以戴耳塞、耳罩或头盔等护耳器,加强对受音器官的防护措施。

五、辐射污染

电磁污染是继废气、废水、废渣和噪声之后的第五个环境公害。电气设备的广泛使用使得各种频率、不同能量的电磁波充斥着地球的每一个角落,成为社会的公害。

(一)电磁辐射对人体的影响

(1)高电磁辐射会使人的血液、淋巴系统原生质发生改变,还会加速人体的癌细胞增殖,诱发癌症。

(2)电磁辐射会影响人的心血管系统,表现为心悸、失眠;会伤害眼睛,导致视力下降和白内障。

(3)电磁辐射会影响人们的生殖系统,主要表现为男子精子质量降低,孕妇自然流产发生率增加,胎儿畸形率增大等。

（二）电磁辐射的防护

对电磁辐射,应采取相应的保护措施,避免长时间受到伤害。

（1）长时间在有辐射的电器前办公应做好防护,或使用镀膜、屏障等来吸收或阻隔电磁辐射。

（2）电器摆放不能过于集中,卧室应尽量不放电器。

（3）电器使用时间不宜过长,应尽量缩短使用时间;使用时也应尽量保持一定的距离。

（4）手机在接通的瞬间释放的电磁辐射量最大,最好在接通几秒后再接听;接电话时头部要尽量离手机远一点;尽量减少通话时间。不要将开着的手机挂在胸前或放在枕边待机,每天尽量减少手机的使用,减少电磁辐射的伤害。

第六节　亚健康

一、亚健康概述

（一）亚健康的概念

亚健康的概念于 20 世纪 80 年代中期由苏联学者布赫曼教授所提出。亚健康状态,是指人的身心处于疾病与健康之间的"第三状态"。机体虽无明确的疾病,但在躯体上、心理上和人际交往上已出现种种不适应的感觉和症状,呈现活力、反应能力和对外界适应能力降低的一种生理状态。世界卫生组织 2017 年的调查显示,都市中处于亚健康状态的人口比例高达 75%（图 1-4）。

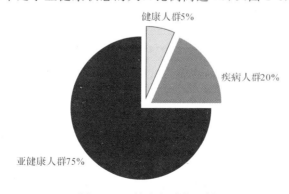

图 1-4　亚健康人群的比例

(二)亚健康的类型

亚健康状态一般可分为躯体性亚健康状态、心理性亚健康状态和人际交往性亚健康状态三种类型。

1.躯体性亚健康状态　具体表现为慢性疲劳。因长期超负荷工作,劳累过度,积劳成疾。机体表现为抵抗力下降、慢性病增加等。

2.心理性亚健康状态　最常见的是焦虑,表现为担心、恐慌,发自内心的不安,无法自我解脱和控制。有时有烦躁、易怒、睡眠不佳等多种表现形式。焦虑者还会出现心悸、胃绞痛,甚至会诱发心脏病或癌症等。

3.人际交往性亚健康状态　表现为与他人之间的心理距离加大、交往频率下降、人际关系不稳定等。人们独立意识和自我意识的增强,个性发展的多样化,相互间的竞争关系强化、利益冲突增加,都会导致人际关系的淡化。人际关系淡化是现代人出现心理障碍的重要因素之一。

二、大学生亚健康及其影响因素

(一)大学生亚健康的表现

大学生的亚健康表现在躯体方面的有疲劳、失眠、多梦、乏力、经常感冒、肥胖等;表现在心理方面的有注意力难以集中、反应迟钝、记忆力减退、烦躁不安、情绪低落等;表现在人际交往方面的有对很多事情都很冷漠,自己的"心理领空"越来越狭小。

(二)大学生亚健康的成因

大学生产生亚健康状态的原因,既有生理、心理失衡的影响,又有环境、社会、学习、生活压力的影响。

1.心理失衡　很多大学生是第一次独自步入社会,独自进行人际交往,在学习、生活等多个方面会出现不适应,产生一系列心理失衡的现象,如抑郁、焦虑、孤僻、人际关系敏感、自我封闭、过度自我防卫等。

2.营养失衡　现代饮食热量过高,营养素不全,添加剂过多。日趋减少的天然绿色食物,应用人工栽培技术反季节生长的瓜果、蔬菜,利用转基因技术和用添加剂饲养的鸡、鸭、鱼、虾等食物都易导致营养失衡,机体的代谢功能紊乱,出现许多"现代病"。

3.竞争压力　为了获得学校老师、家长的认可,很多大学生长期处于紧张的生活状态,承受较大的精神压力,若这些压力不能得到有效释放,会导致积劳成疾。

4.社会多元化影响 恋爱、婚姻的影响,网络游戏时间过多,家庭情感联系薄弱,离婚和单亲子女增多等,易形成特殊心理群体,影响情感生活的质量,影响身心健康。

(三)大学生亚健康的自我观察

(1)早晨不能按时醒来,醒后懒得起床。

(2)走路抬腿无力,步履沉重。

(3)不愿参加集体活动,怕见陌生人。

(4)懒得讲话,说话声音细短,有气无力。

(5)上课不愿回答老师的提问,经常觉得老师的提问是"多此一举",且没心思听清老师的问题;坐下后不愿起来,时常托腮呆想发愣。

(6)说话、写文章、计算经常出错。

(7)记忆力下降,经常想不起刚发生的事情。

(8)口苦,食欲差,饭菜无味,厌油腻。

(9)头昏,眼花,眼冒金星,耳鸣,烦躁,易怒。

(10)眼睛疲劳,哈欠不断,精力难以集中。

(11)下肢沉重,学习时总想把脚架在桌上。

(12)入睡困难,思虑多想,易醒多梦。

如果上述情况有2~4项,说明轻微疲劳;有5项及以上是重度疲劳,也许还潜伏着疾病。如果让疲劳继续发展下去,就会积劳成疾。

三、"健康中国2030"战略目标

"健康中国2030"的战略目标:促进全民健康的制度体系更加完善,健康领域发展更加协调,健康生活方式得到普及,健康服务质量和健康保障水平不断提高,健康产业繁荣发展,基本实现健康公平,主要健康指标进入高收入国家行列。

到2030年,推进全民健康生活方式行动,强化家庭和高危个体健康生活方式指导及干预,开展健康体重、健康口腔、健康骨骼等专项行动;普及科学健身知识和健身方法,推动全民健身生活化;居民营养知识素养明显提高;超重、肥胖人口增长速度明显放缓;逐步实现室内公共场所全面禁烟;控制酒精过度使用,减少酗酒;心理健康素养提升;常见精神障碍防治和心理行为问题识别干预水平显著提高。

复习思考题

1. 什么叫必需氨基酸？蛋白质的主要功能有哪些？
2. 简述不饱和脂肪酸的主要功能。
3. 简述膳食纤维的主要来源与作用。
4. 简述细菌性食物中毒的特点及预防。
5. 简述睡眠的作用、分期及睡眠不足的危害。
6. 简述运动的益处与时效。
7. 吸毒的危害是什么？
8. 怎样治理大气污染？
9. 怎样治理水污染？
10. 怎样治理土壤污染？

第二章　疾病预防

第一节　疾病鉴别与诊断方法

一、疾病诊断流程

正确的诊断是正确治疗疾病的前提和基础,可以说没有诊断就没有治疗。临床上疾病种类繁多,病情复杂且变化多端,同一种疾病可有多种不同的临床症状,同一临床症状又可见于多种不同的疾病,各种疾病往往有交叉性。因此,医生需要熟练掌握诊断学的基础理论、基本知识和基本技能,并在临床实践中不断加以充实和提高,以期能及时和准确地做出诊断,为疾病的治疗和预防提供依据,使患者早日康复。

(一)疾病诊断资料的收集

临床医生从患者处采集的第一手诊断资料是最宝贵的资料。

1.**完整的病史询问**　首先医生会耐心倾听患者讲述的症状。所谓症状,就是指患者主观上的异常感觉,如发热、咳嗽、头痛、鼻塞、流涕、腹痛、恶心、腹泻、心悸、眩晕等。

2.**体格检查**　通过对患者躯体进行体格检查而得到阳性体征。所谓阳性体征,就是医生通过对患者躯体做初步检查而发现的客观上的异常变化,如血压增高、肺部啰音、心脏杂音、心律失常、腹部压痛、反跳痛、肝脾肿大、肠鸣音亢进、呼吸音减弱等。

3.**实验室检查**　有许多疾病仅根据"症状"和"体征"还是无法确诊,就需要结合实验室检查来协助诊断。随着现代医学的发展,各项化验检查日趋完善,可通过专用仪器进行自动检测、自动分析,还可以将资料存储以备复查、对照,大大提高了工作效率和准确度。

4.特殊仪器检查 目前常用的特殊仪器检查有磁共振成像(MRI)、计算机体层摄影(CT)、X线、心电图、动态心电图、脑电图、脑地形图、内镜、放射性核素显像、超声显像、分子生物技术、心导管检查等。

(二)建立诊断与验证诊断

1.整理资料,建立诊断

(1)努力寻找主要诊断依据。对收集来的资料加以筛选、整理、衡量,确定哪些是主要的、哪些是次要的,并将可疑的材料加以认真复查、核实、综合分析,弄清它们之间的相互关系,进一步推测病变可能存在的部位(系统或脏器)、性质和病因,为建立正确的诊断打好基础。

(2)如何否定某一疾病。如拟诊的某一疾病不能解释患者的全部主要临床表现,或缺乏预期必定出现的"特殊病症",则该病的可能性很小或可以被否定。

(3)如何肯定某一疾病。如拟诊的疾病能解释患者的全部主要临床表现,并已找到预期应见于该病的"特殊病症",则可确定该疾病的诊断。

2.临床观察,验证诊断 疾病是一个不断变化的病理过程。在这个过程中,一些临床表现产生了,另一些可能消失了;而且疾病在个体上的表现也各不相同,存在个体差异,因此必须用辩证的观点进行分析和诊断。

一个正确的认识往往需要反复的实践才能得到。在调查研究、收集资料、整理资料、建立诊断之后,工作还未结束,更重要的一步是根据诊断进行合理的治疗,治疗效果又反过来验证诊断。如果根据诊断而进行治疗收到预期疗效,那么这一诊断工作算是完成了。但在实践中也不同程度地受认识水平和技术条件的限制,修正诊断也是常见的。一些疑难病例往往需要经过深入的动态观察,反复检查,甚至进行诊断性治疗,才能得到正确的诊断。

遇到急重病例在临床资料不足以建立确实诊断之前,要找出可能性最大的疾病作为临时诊断,迅速采取紧急治疗措施,以维持生命体征的稳定,同时再进行深入的检查验证诊断,以免贻误治疗时机。

总之,疾病的诊断是为治疗服务的,诊断不是最终目的。对疾病的诊断要有整体观念、循证观念、发展观念,要在实践中不断检验完善。疾病的诊断过程如图 2-1 所示。

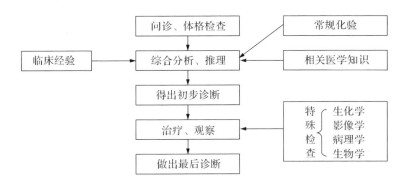

图 2-1　疾病的诊断过程

二、常见症状的特点与辨别

(一)发热

健康成人的体温相对恒定,口腔温度为 36.3～37.2℃,直肠温度一般比口腔温度高 0.3～0.5℃,而腋下温度比口腔温度低 0.3～0.5℃,外耳道温度比口腔温度低 0.2℃。正常体温昼夜间有轻微的波动,晨间稍低,下午稍高,但波动范围不超过±1℃。在不同生理状态下,体温也有轻微的波动,如小儿代谢率高,体温较成人稍高;老人代谢率低,体温较青壮年人稍低;妇女经期体温稍低,排卵期与妊娠期则稍高;饮食、剧烈运动、突然进入高温环境、情绪激动等均可使体温升高。

常见症状的
鉴别与诊断

发热是指病理性的体温升高,是人体对致病因子的一种全身性反应。一般说来,口腔温度在 37.3℃以上,直肠温度在 37.6℃以上,且除上述生理因素外的可以认定为发热。

发热的病因复杂,常成为诊断上的难题,因此,凡遇有发热原因未明者,必须认真细致地进行全面检查,再结合动态观察。

临床上急性发热疾病常见,且不少为高热,原因绝大多数是由急性感染所致,另有过敏或变态反应、结缔组织病、血液病、组织坏死与血液分解产物的吸收、理化因素、恶性肿瘤等原因。目前临床上常用 C 反应蛋白(CRP)的测定来鉴别细菌感染与其他发热疾病。

(二)头痛

1.概述 头痛是许多疾病的常见症状,通常是指眉毛和发际以上头颅部有急性突发或慢性复发的疼痛。头痛不一定是由中枢神经系统疾病引起的,如急性发热性疾病常伴有不同程度的头痛,随疾病好转而减轻或消失,但无明显特异性。头痛也可为某些疾病的主要表现,如偏头痛、三叉神经痛等,此类头痛有显著的特异性,对提示诊断有重要意义。头痛有时也是某些特殊情况的信号,如高血压动脉硬化患者突然发生剧烈头痛时,提示可能为脑血管意外。对于原因未明的头痛,医生会全面、细致和系统地进行有关的病史询问和各项检查,以明确诊断。

详细询问病史,了解头痛的各种特征,主要包括:头痛发生的缓急、部位,发生时间与持续时间,程度,性质,伴发症状,头痛的激发、加重和缓解因素等。

2.分类 从头痛的病因及发病机制分析,头痛可分为以下几类:

(1)牵引性疼痛。牵引性疼痛由颅内痛觉敏感结构被牵引、移位、压迫所致,常见于颅内占位病变、颅内压增高及颅内压降低。

(2)血管扩张。头部血管舒缩功能障碍或脑血管本身疾病致使颅内或颅外动脉过度扩张时,可产生头痛。如偏头痛、组胺头痛,以及周身疾病所致的血管舒缩功能障碍等。

(3)脑膜刺激。由炎症或理化因素直接刺激脑膜所致,如脑膜炎、蛛网膜下腔出血等。

(4)牵涉性头痛。牵涉性头痛为眼、耳、鼻、鼻窦、牙齿及颈部病变扩散或反射至头部造成的头痛。

(5)神经刺激痛。神经刺激痛是因炎症或占位性病变刺激颅神经、颈神经所造成的头痛。

(6)精神性头痛。精神性头痛为精神因素所致的头痛,如神经官能症、癔症等。

(三)胸痛

1.概述 胸痛为多种器质性或功能性疾病引起的综合症状。临床最常见的器质性疾病有胸壁疾患、心血管疾患、呼吸系统疾患、纵隔疾患、上腹部疾患等;功能性疾病有自主神经功能紊乱、心脏神经官能症等。

对胸痛患者,须详细了解病程、胸痛的部位、疼痛的性质、疼痛持续的时间,以及影响胸痛的因素、伴随症状等。

2. 引起胸痛的常见疾病

(1)胸壁疾患：

①皮肤。如急/慢性皮肤或皮下组织感染性炎症、带状疱疹、外伤等。

胸痛诊断及鉴别

②肌肉。如肌炎、皮肌炎、肿瘤浸润等。

③骨骼。如肋骨骨折、骨肿瘤等。

④神经。如肋间神经痛、自主神经功能紊乱、神经官能症等。

(2)心血管疾患：

①心脏。如心绞痛、心肌梗死、急/慢性心肌炎、急/慢性心包炎、主动脉瓣狭窄和关闭不全等。

②血管。如主动脉瘤、夹层动脉瘤、主动脉窦瘤破裂等。

(3)呼吸系统疾患：

①胸膜。如急性胸膜炎、自发性气胸、外伤等。

②肺及气管。如肺炎、肺结核、急性气管或支气管炎、肺癌、肺栓塞、肺梗死等。

(4)纵隔疾患：

①食管。如食管炎、食管癌、食管裂孔疝、食管痉挛等。

②纵隔。如急/慢性纵隔炎、纵隔脓肿、纵隔肿瘤等。

(5)上腹部疾患：

①膈肌。如膈胸膜炎、膈下脓肿、膈疝等。

②肝脏。如急性肝炎、肝脓肿、肝癌等。

③胆囊。如急/慢性胆囊炎、胆石症等。

④脾脏。如脾栓塞等。

⑤其他疾患。如流行性胸痛、痛性肥胖症、神经根痛等。

(四)腹痛

腹腔内有多种脏器,有消化系统、泌尿生殖系统的各个器官,如胃、十二指肠、空肠、回肠、盲肠、阑尾、结肠、直肠、肝、胆、脾、胰腺、肾脏、输尿管、膀胱、子宫、卵巢、输卵管等(图 2-2)。

腹痛是临床上的常见症状之一,在高校医院门诊、急诊中占有很大比例。腹痛分急性腹痛与慢性腹痛两类。本文着重讨论急性腹痛的鉴别与诊断。

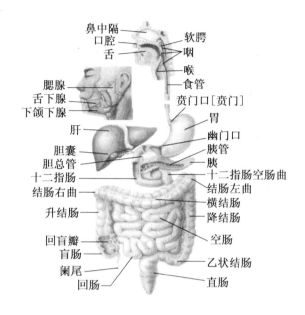

鼻中隔
口腔
舌
腮腺
舌下腺
下颌下腺
肝
胆囊
胆总管
十二指肠
结肠右曲
升结肠
回盲瓣
盲肠
阑尾
回肠

软腭
咽
喉
食管
贲门口[贲门]
胃
幽门口
胰管
胰
十二指肠空肠曲
结肠左曲
横结肠
降结肠
空肠
乙状结肠
直肠

图 2-2　人体脏器

1.急性腹痛的分类

(1)由腹内脏器病变所致。腹内脏器病变又可再分为器质性与功能性两种,前者包括脏器炎症、穿孔、破裂、梗阻、套叠、扭转、缩窄等,其中有外科情况者临床上称之为急腹症。

(2)由腹外脏器或全身性病变所致。引起急性腹痛的疾病很多,其共同特点是发病急、变化快和病情重。

2.腹痛需要留意的特点　对一个腹痛患者,医生会详细询问病史,包括婚育史、月经史、既往史、药物史、手术史等,并详细了解疼痛的特点。询问的重点包括:

(1)发作时间。出现时间、持续时间。

(2)疼痛部位。一般腹痛部位多为病变所在,有无放射痛。

(3)疼痛性质及程度。是刀割样痛、烧灼样痛、绞痛,还是钻顶样痛、胀痛等;是持续性疼痛,还是阵发性疼痛。

(4)腹痛与体位、饮食及排便的关系。

(5)诱发因素。进油腻食物史、酗酒史、腹部手术史、腹部是否受外部暴力的作用、工作时是否用力过猛等。

（6）伴随症状。如发热、寒战、黄疸、晕厥、贫血、血尿、呕吐、腹泻、消化道出血、反酸或嗳气等。还应对胸腹部做详细检查，特别注意胃肠形状、出血斑、腹肌有无紧张、压痛及反跳痛的部位、包块、肝浊音界、腹水征、肠鸣音等。

3.常见的引起急性腹痛的主要疾病

（1）腹腔脏器疾病所致的急性腹痛：

①腹腔脏器急性炎症。如急性胃炎、胃肠炎、化脓性胆管炎、急性胆囊炎、急性胰腺炎、急性阑尾炎、急性出血坏死性肠炎、急性腹膜炎、急性盆腔炎、急性肾盂肾炎等。

②胃肠急性穿孔。如胃、十二指肠溃疡急性穿孔，胃癌急性穿孔，肠穿孔等。

③腹腔脏器阻塞、扭转。如胃黏膜脱垂、急性胃扭转、急性肠梗阻、胆道蛔虫症、胆石绞痛、急性胆囊扭转、肾与输尿管结石绞痛、卵巢囊肿等。

④腹腔脏器破裂出血。如肝脏破裂、脾破裂、宫外孕破裂、卵巢破裂等。

⑤腹腔脏器血管病变。如肠系膜动脉硬化，急性栓塞，肠系膜静脉、肝静脉血栓形成，脾梗死，肾梗死，腹主动脉瘤等。

⑥腹腔脏器其他疾病。如急性胃扩张、痛经等。

（2）腹外脏器病变（包括全身性疾病）所致的急性腹痛：

①胸部疾病。如肋间神经痛、膈胸膜炎、急性心肌梗死、急性心包炎、急性右心衰竭等。

②中毒及代谢障碍疾病。如慢性铅中毒、糖尿病酮症酸中毒、尿毒症、高脂血症、低钙血症、低钠血症等。

③变态反应及结缔组织病。如腹型过敏性紫癜、腹型风湿热、结缔组织病等。

④急性溶血。

⑤神经源性及神经官能性急性腹痛、腹型癫痫。

（五）咳嗽

1.概述　咳嗽一方面是人体的一种保护性反射动作，能将呼吸道内异物或分泌物排出体外；另一方面也具有病理性，是呼吸系统疾病的常见症状之一。当耳、鼻、咽、喉、支气管、胸膜、肺等脏器由于炎症、淤血、过敏等因素刺激时，通过迷走神经分支传达到延髓咳嗽中枢，就会引起咳嗽。

2.咳嗽的特点　能引起咳嗽的疾病很多，医生在询问病史时一般会注意以下几个重点：

（1）病程。急性发生（常少于3周）的咳嗽，常为普通感冒、急性鼻窦炎、过敏性鼻炎、肺炎、心功能不全、肺栓塞、误吸刺激性气体、气管内异物等引起。慢性发生(多于3周)的咳嗽,常见于鼻后滴漏综合征(PNDS)、支气管哮喘、胃食管反流、慢性支气管炎及肺疾患、服用血管紧张素转化酶抑制剂(ACEI)类药物等引起。

(2)出现时间。是出现在夜间、清晨,还是进食过程中。

(3)咳嗽的节律。是阵发性咳嗽,还是持续性咳嗽。

(4)性质。是干咳、湿性咳嗽,还是伴大量脓性痰。

(5)伴发症状。有无伴发热、呼吸困难、反酸、嗳气、声音嘶哑、咯血或鼻塞、流涕、打喷嚏等其他症状。

3. 引起咳嗽的疾病

(1)胸内病变。呼吸道内吸入刺激性气体、气管内异物、支气管炎、支气管扩张、支气管哮喘和慢性阻塞性肺疾病;肺实质的改变,如肺炎、肺血管病、肺癌、结缔组织病;纵隔病变,如纵隔肿瘤;心血管病,如动脉瘤、左心房扩大以及起搏器心外刺激;肺栓塞、胸膜疾病,如胸腔积液、气胸等。

(2)胸外病变。中枢神经系统的作用,如精神及神经因素可引起咳嗽;头颈部疾病,如感冒、鼻后滴漏综合征及甲状腺炎等;上消化道疾病,如食管囊肿、胃食管反流、气管食管瘘等都会引起咳嗽。

(3)药物不良反应。如血管紧张素转化酶抑制剂类降血压药物可引起咳嗽。

(六)咯血与呕血

1. 两者的辨别　喉部以下的呼吸道出血经口腔咯出,称为咯血。上消化道出血经口腔呕出为呕血,出血部位多位于食管、胃及十二指肠。

口腔、鼻腔和上消化道的出血有时易与咯血混淆。鼻腔出血多从前鼻孔流出,有时鼻后部的出血量较多,容易误诊为咯血,借助鼻咽镜检查可以确诊。另外须排除有无鼻咽癌、喉癌、口腔溃疡、咽喉炎及牙龈出血等的可能性。

咯血和呕血可根据下列情况加以区分:呕血,血是呕出的,有恶心感,血大多呈酸性,色多暗红或咖啡样,可混有食物,易凝成块状,呕血后数天内常有黑便排出,既往有胃病或肝病病史。咯血,血是咯出的,有喉痒感,血呈弱碱性、泡沫状,色鲜红,常混有痰液,咯血后数天内仍常咯出血痰,既往有肺部疾病或心脏病史。

2. 常见引起咯血的疾病

(1)支气管疾病。支气管扩张、支气管肺癌、急/慢性支气管炎等。

(2)实质疾病。肺结核、肺炎、肺脓肿等。

(3)肺血管病。肺梗死、肺肉芽肿、白塞病等。

(4)心血管疾病。急性左心衰竭、左房室瓣狭窄及部分先天性心脏病等。

（5）血液系统疾病。白血病、血友病、再生障碍性贫血、弥漫性血管内凝血，以及使用抗凝药物治疗时。

（6）其他疾病。如流行性出血热、钩端螺旋体病等，此外，急性传染病、肺损伤、子宫内膜异位症等也可引起咯血。

（七）便血

1. 概述　血液从肛门排出，大便带血或全为血便，色鲜红、暗红或呈柏油样，称为便血。一般来说，便血较多提示下消化道（特别是结肠与直肠）出血，便血伴有呕血提示上消化道出血。上消化道出血所排出的多是暗红色的血或黑便，呈柏油样，而下消化道出血所排出的多是鲜红或较鲜红的血。

便血的颜色取决于消化道出血的部位、出血量以及血液在肠道停留的时间。详细的病史与体检（特别注意全身性出血表现、腹部肿块，必要时应做妇科检查），对便血病因的诊断与鉴别诊断有重要意义。详细的病史包括：①诱因；②起病情况；③主要症状；④便血的次数、血量、颜色；⑤血与大便是否相混；⑥大便性状；⑦是否伴有恶心、呕吐、发热、腹痛等症状；⑧服药史、既往史、家庭史等。

2. 常见的引起便血的疾病

（1）肛管、直肠疾病。痔疮、肛裂、肛瘘、直肠外伤、溃疡、直肠炎症、肿瘤等。

（2）结肠疾病。急性细菌性痢疾、慢性非特异性溃疡性结肠炎、结肠憩室病、结肠肿瘤等。

（3）小肠疾病。急性出血性坏死性肠炎、肠结核、小肠憩室炎、溃疡等。

（4）上消化道疾病。胃、十二指肠炎症、溃疡，门静脉高压，胆道出血，胰腺炎症、肿瘤等。

（5）全身性及中毒性疾病。血液病，急性传染病与寄生虫病，维生素 C、维生素 K 缺乏症，细菌性食物中毒，有毒植物中毒，化学毒物中毒，尿毒症等。

（八）恶心和呕吐

1. 概述　恶心是一种特殊的主观感觉，是指想将胃内容物经口呕出的一种感觉。恶心同时伴有呕吐，但未将胃内容物呕出称为干呕；呕吐是指胃内容物经口吐出体外。呕吐从生理上讲是一种保护性反射，是将对身体有害的胃内容物排出体外。但是剧烈、频繁的呕吐不仅给患者带来极度不适，而且由于大量胃液丢失，会引起脱水、电解质紊乱（如低钠血症、低钾血症）、酸碱平衡失调（如代谢性碱中毒）、营养障碍，有时甚至发生食管-贲门黏膜撕裂综合征、神志障碍。患者可因呕吐物误吸引起窒息、肺部感染等并发症。呕吐时常伴有头晕、流涎、脉搏缓慢、血压降低等迷走神经兴奋的症状。

呕吐反射的中枢位于延髓。延髓有两个不同作用机制的呕吐机构：一是神经反射中枢——呕吐中枢，位于第四脑室附近；二是化学感受器触发带，接收引起呕吐的各种化学性刺激。呕吐中枢负责呕吐的实际动作，它接收来自消化道、大脑皮质、前庭器官以及化学感受器触发带的传入冲动，以内脏传入神经传入为主。

2. 常见的引起恶心呕吐的疾病 常见引起呕吐的疾病有以下几类：

(1)反射性呕吐(包括消化系统疾病)。咽刺激、胃及十二指肠疾病、腹腔脏器急性炎症、病毒性肝炎、肠梗阻等。

(2)中枢性呕吐。

(3)前庭障碍性呕吐。主要有迷路炎、梅尼埃病、晕动病等。

(4)神经官能性呕吐。常见于胃神经官能症、癔症等。

(九)血尿

1. 概述 尿液中含有较多的红细胞称为血尿。仅在显微镜下才发现红细胞者，称为镜下血尿；肉眼即能见尿色呈"洗肉水"样或血样，甚至有凝血块者，称为肉眼血尿。

应先根据病史、体格检查及尿检等基本资料，确定患者是否为血尿以及出血的可能部位；再进行必要的检查，如尿培养、膀胱镜检查、泌尿系X线平片、造影、肾穿刺活检等，进一步明确病变的部位及性质。

2. 引起血尿的常见疾病 引起血尿的常见疾病主要有以下几类：

(1)泌尿生殖系统疾病。泌尿系统各部位的结石、感染、肾炎、肿瘤、先天畸形、损伤等。

(2)全身性疾病。血液病、全身感染性疾病、结缔组织病以及变态反应性疾病等。

(3)尿路邻近器官的炎症或肿瘤。

(4)运动后血尿。健康运动员剧烈运动后有时会出现血尿，这是由于肾小球毛细血管壁通透性增加而引起的，经休息后会恢复正常。

(十)皮疹

皮疹见于发疹性传染病、结缔组织病、变态反应性疾病、血液病等。

一旦发现有皮疹，患者须注意其大小、形态、有无高出皮面、颜色、硬度、边缘等情况，指压是否褪色，有无瘙痒，从何处开始以及分布范围，有无脱屑、脱皮及色素沉着等。

皮疹分点状皮疹、斑疹、丘疹、疱疹、风团样皮疹、紫癜等几种类型,有充血性皮疹与出血性皮疹之分。引起皮疹的常见疾病有麻疹、风疹、水痘、药疹、过敏性紫癜等。

第二节　传染性疾病

一、传染性疾病概述

从 20 世纪开始,随着社会的发展,人们的生活条件和卫生设施不断得到改善,人们的健康状况有了显著提高,人类防治传染病的工作取得了突破性进展。20 世纪 80 年代,头号烈性传染病天花绝迹。麻风病、流行性脑脊髓膜炎、猩红热等疾病的死亡率大幅下降;随着疫苗的广泛使用,麻疹、脊髓灰质炎、白喉、破伤风等严重影响人类健康的疾病,也得到了有效的控制。

但近 20 多年来,由于全球流动人口的增加,抗生素的滥用造成微生物耐药性的急剧增多,生态环境的改变,出现了一些新的传染病如军团菌病、莱姆病、疯牛病等,加之霍乱、鼠疫、结核病等老的传染病死灰复燃,使传染病的发病率和死亡率明显回升。传染病疫情再次引起了世人的恐惧和关注。

在再度肆虐人类的传染病中,结核病是一个突出的例子。由于流动人口的增加和耐药菌株的增多,结核病患者呈上升趋势。而新发生的传染病,如艾滋病、传染性非典型肺炎、人感染高致病性禽流感、甲型 H1N1 流感、H7N9 禽流感等疾病的暴发,使世界再次为之震惊。疯牛病(新型克雅氏病)、埃博拉出血热、黄热病等疾病的高死亡率,又向人们提出了新的挑战。高校学生来自全国各地乃至世界各国,免疫接种各地不尽相同,近年来结核病、疟疾、登革热等传染病的患者数量也明显上升。当前传染病的新特征,就是全球化流行,这对传染病的控制、预防和研究提出了更高的要求。

传染病流行必须具备三个基本环节,即传染源、传播途径和易感人群。三个环节必须同时存在,方能构成传染病的流行。缺少其中的任何一个环节,就能阻断其流行。

(一)传染源

传染源是指体内有病原体生长、繁殖,并不断向体外排出病原体的人或动物。传染源包括患者、病原携带者和受感染的动物。

1. **患者** 在大多数传染病中,患者是重要传染源。其传染性的强弱取决于各阶段排出的病原体的数量和频度,一般在发病期其传染性最强。

2. **病原携带者** 病原携带者是指没有任何临床症状而能排出病原体的人,包括潜伏期病原携带者、恢复期病原携带者和健康病原携带者。

3. **受感染的动物** 以受感染的动物为传染源的疾病,称为动物性传染病,如狂犬病、布鲁氏菌病等。以野生动物为传染源的传染病,称为自然疫源性传染病,如鼠疫、钩端螺旋体病、流行性出血热等。

(二)传播途径

病原体被传染源排出体外,经过一定的传播方式,到达与侵入新的易感宿主的过程,称为传播途径。主要的传播途径有:

1. **水与食物传播** 病原体污染水和食物,易感者通过饮食受污染的水和食物受感染。细菌性痢疾(简称菌痢)、伤寒、霍乱、甲型病毒性肝炎等疾病通过此方式传播。

2. **空气传播** 患者将含大量病原体的分泌物,通过咳嗽、打喷嚏、谈话等方式排入环境,形成飞沫、飞沫核、尘埃等,使易感者吸入后受感染。流行性脑脊髓膜炎、猩红热、百日咳、流行性感冒(简称流感)、麻疹、结核等疾病,都是通过此方式传播的。

3. **虫媒传播** 病原体在昆虫体内繁殖,完成其生命周期,通过不同的侵入方式使病原体进入易感者体内。蚊、蚤、蜱、恙虫、蝇等昆虫为重要传播媒介。通过蚊传播的疾病有疟疾、丝虫病、流行性乙型脑炎等,通过蜱传播的有回归热,通过虱传播的有斑疹伤寒,通过蚤传播的有鼠疫,通过恙虫传播的有恙虫病,等等。

4. **接触传播** 接触传播分为直接接触与间接接触两种传播方式。如性病、皮肤炭疽、狂犬病等均为直接接触而感染;血吸虫病为接触疫水传播,也为直接接触传播。肠道传染病通过被污染的手传染,为间接接触传播。

5. **土壤传播** 一些能形成芽孢的病原体(如炭疽、破伤风等)污染土壤后可保持传染性达数十年之久。

6. **垂直传播** 垂直传播是指在围生期病原体通过母体的胎盘或产道传给子代。如带有乙肝病毒的妊娠妇女可把病毒传给新生儿,引起新生儿感染。

7. **血液传播** 通过输入含有病原体或被病原体所污染的血液和血液制品造成疾病,使该病在人与人之间传播。如乙型肝炎、艾滋病等。

(三)易感人群

易感人群是指容易感染某种传染病病原体的人群整体。新生儿一般免疫力较低;而病后、人群隐性感染、人工免疫等均能使人群获得免疫力,使传染病不易流行或终止流行。

二、法定传染病的防控

通过改善营养、改变不健康的行为因素与生活方式,提高自身抵抗力;通过改善周围环境、改善卫生条件(包括对水、食品的卫生监督和管理)来切断传播途径,是防治传染病的根本措施。预防为主也是我国政府卫生工作的基本工作方针,形成严密的传染病防控网络。

(一)管理传染源

1.**传染病的分类**　《中华人民共和国传染病防治法》(以下简称《传染病防治法》)于 2013 年 6 月 29 日重新修订实施。传染病按其报告的病种类别分为甲类、乙类和丙类三类,目前有 39 种。

(1)甲类传染病。甲类传染病共 2 种,分别是:鼠疫、霍乱。

(2)乙类传染病。乙类传染病共 26 种,分别是:传染性非典型肺炎、艾滋病、病毒性肝炎、脊髓灰质炎、人感染高致病性禽流感、人感染 H7N9 禽流感、麻疹、流行性出血热、狂犬病、流行性乙型脑炎、登革热、炭疽、细菌性和阿米巴性痢疾、肺结核、伤寒和副伤寒、流行性脑脊髓膜炎、百日咳、白喉、新生儿破伤风、猩红热、布鲁氏菌病、淋病、梅毒、钩端螺旋体病、血吸虫病、疟疾。

(3)丙类传染病。丙类传染病共 11 种,分别是:流行性感冒、流行性腮腺炎、风疹、急性出血性结膜炎、麻风病、流行性和地方性斑疹伤寒、黑热病、包虫病、丝虫病、除霍乱、细菌性和阿米巴性痢疾、伤寒和副伤寒以外的感染性腹泻病、手足口病。

国家卫生计生委网站于 2013 年 11 月 4 日发布《关于调整部分法定传染病病种管理工作的通知》,将人感染 H7N9 禽流感纳入法定乙类传染病;将甲型H1N1 流感从乙类调整为丙类,并纳入现有流行性感冒进行管理;解除对人感染高致病性禽流感采取的《传染病防治法》规定的甲类传染病预防、控制措施。其中,对乙类传染病中传染性非典型肺炎、炭疽中的肺炭疽,采取甲类传染病的预防、控制措施。

2.**传染病的信息公布**　从 2004 年开始,我国建立了新的传染病疫情信息公布制度。其具体内容包括:

(1)报告病种。现行的《传染病防治法》中规定的甲、乙、丙三类共 39 种传染病。

（2）报告时限。发现甲类传染病和按甲类管理的乙类传染病中的肺炭疽、传染性非典型肺炎、脊髓灰质炎、人感染高致病性禽流感的病人或疑似病人时，或发现其他传染病和不明原因疾病暴发时，应在 2 小时内完成网络直报。对其他乙类和丙类传染病病人、疑似病人，以及乙类中伤寒和副伤寒、细菌性和阿米巴性痢疾、梅毒、淋病、白喉、疟疾的病原携带者，应在 24 小时内通过网络进行信息的录入报告。

（3）报告程序和方式。由临床医生填写传染病报告卡，传染病疫情报告人进行网络直报。疾病预防控制机构均设立了专门的部门、人员负责传染病疫情信息管理工作，及时对疫情报告进行核实、分析。国务院卫生行政部门定期公布全国传染病疫情信息。各省、自治区、直辖市人民政府和卫生行政部门也定期公布本行政区域的传染病疫情信息。

3.针对传染源的措施

（1）患者、病原携带者。医疗机构一旦发现甲类传染病患者，应对患者、病原携带者予以隔离治疗，隔离期限根据医学检查结果确定。拒绝隔离治疗或者隔离期未满擅自脱离隔离治疗的，可以由公安机关协助医疗机构采取强制隔离治疗措施。发现乙类或者丙类传染病患者，应当根据病情采取必要的治疗和控制传播措施。对病原携带者，特别是食品制作供销人员、炊事员、保育员等要定期做身体检查，带菌者应及时发现、及时治疗和调换工作。

（2）密切接触者。对和传染病密切接触者，须进行医学观察、留院观察、集体检疫，必要时进行免疫法或药物预防。

（3）对危害大的病畜或野生动物应予捕杀、焚烧或深埋。

（二）切断传播途径

医疗机构应当实行传染病预检、分诊制度；对传染病患者、疑似传染病患者，应引导至相对的隔离分诊点进行初诊。

1.切断传染病的传播途径 必要时，报经上一级人民政府决定，可以采取下列紧急措施并予以公告：限制或者停止集市、影剧院演出或者其他人群聚集的活动；停工、停业、停课；封闭或者封存被传染病病原体污染的公共饮用水源、食品以及相关物品；控制或者扑杀染疫野生动物、家畜家禽；封闭可能造成传染病扩散的场所。还可根据传染病的不同传播途径，采取不同防疫措施。例如，针对肠道传染病，做好床边隔离、吐泻物消毒，加强饮食卫生及个人卫生，做好水源及粪便管理；针对呼吸道传染病，应室内开窗通风，使空气流通，做好空气消毒；针对虫媒传染病，应有防虫设备，并采用药物杀虫、防虫、驱虫。

2.**个人防护** 接触传染病的医务人员和实验室工作人员应严格遵守操作规程,配置和使用必要的个人防护用品(如口罩、手套、护腿、鞋套等)。

(三)针对易感者的措施

1.**免疫预防** 免疫是机体的一种保护性反应,是指宿主机体针对某种病原微生物或其毒素产生的特异性抵抗力。疫苗是通过提高人体免疫力来达到预防疾病的一种生物制品。

2.**药物预防** 药物预防一般作为一种应急措施来预防传染病的传播。

3.**特异性的防护措施** 如可采取在疟疾流行地区使用个人防护蚊帐,在性生活中使用安全套等措施来保护易感者。

4.**加强健康教育** 运用各种渠道,如通过新闻媒体、网络等宣传渠道,通过开设健康教育课、健康教育讲座,出版健康教育的书籍、教材、DVD等宣传资料,提高广大群众对传染病的防控意识和应对能力。

5.**其他** 要改善饮用水的质量,加强环境卫生,消灭鼠和蚊、蝇等病媒生物的滋生地。

(四)预防接种

1.**计划免疫** 我国以乡为单位对 7 周岁及以下儿童进行卡介苗、脊髓灰质三价疫苗、百白破混合制剂、麻疹疫苗和乙肝疫苗的免疫接种,使儿童获得对结核、脊髓灰质炎、百日咳、白喉、破伤风、麻疹和乙肝的免疫力,儿童免疫接种率应达到 90% 以上。

2.**由公民自费并且自愿接种的其他疫苗** 依据其所处环境不同,成人可能被推荐接种麻疹、风疹、破伤风、乙型肝炎和流感等疫苗。常见接种疫苗如表 2-1 所示。

表 2-1　常见接种疫苗

疫苗种类	接种对象	接种剂量和方法	免疫期与复种
精制破伤风抗毒素	有发生破伤风可能者	1 次皮下或肌肉注射 1500~3000 单位	免疫期 3 周
麻疹活疫苗	8 个月以上的易感儿童	皮下注射 0.2 毫升	免疫期 4~6 年以上
甲型流行性感冒活疫苗	健康成年人	混匀后喷入鼻内	免疫期 6~10 个月

续表

疫苗种类	接种对象	接种剂量和方法	免疫期与复种
人血丙种球蛋白	甲型肝炎或麻疹密切接触者	1 次肌注 3 毫升	免疫期 3 周
狂犬病疫苗	狂犬或动物咬伤、抓伤	第 1、3、7、14 和 30 天各肌注 2 毫升	3 个月以内再伤,不必再注射;3~6 个月再伤,加注 2 次,间隔 1 周;6 个月后再伤,再次全程免疫
精制抗狂犬病血清	被疯动物严重咬伤者	成人肌注 20 毫升	免疫期 3 周
乙型肝炎疫苗	乙肝表面抗原(HBsAg)阳性母亲的新生儿,乙肝的密切接触者	0、1、6 个月各注射 10 微克	免疫期 5 年,每 5 年加强注射 1 次

三、校园常见传染病

(一)流行性感冒

1.流感概述　流感是流行性感冒的简称,是由流感病毒引起的急性呼吸道感染。

流感病毒分甲、乙、丙三型。①甲型:抗原变异性最强,感染人类和其他动物,侵袭所有年龄组人群,常引起世界性大流行。甲型流感病毒根据 H、N 抗原不同,分为许多亚型,H 抗原有 15 个亚型(H1~H15),N 抗原有 9 个亚型(N1~N9)。②乙型:变异性较弱,仅感染人类,引起的疾病较轻微,主要侵袭儿童,可引起局部暴发。③丙型:仅引起婴幼儿感染和成人散发病例。

流行性感冒诊疗方案（2018 年版）

抗原变异是造成流感全球大流行的原因。抗原变异仅发生于甲型病毒,甲型流感病毒通常每隔十几年发生一次大变异。流感病毒变异的速度十分迅猛,由此产生的病毒血凝素和神经氨酸酶发生全新结合,而使得人群没有免疫力,导致全球不断出现流感大流行。全世界对流感的流行也高度重视。

21 世纪流行的人感染(H5N1)高致病性禽流感、H7N9 禽流感为乙类法定传染病,甲型 H1N1 流感已纳入流行性感冒做丙类法定传染病管理。

流感病毒在低温、干燥以及甘油环境中较稳定，－70℃以下至少可保存数年。流感病毒对热相当敏感，60℃下30分钟、100℃下1分钟即可杀灭病毒。紫外线、X射线等能灭活流感病毒。流感病毒对乙醇、氯化汞、氯、酸、酚、福尔马林、乙醚、氯仿等化学药物均较敏感，肥皂和去污剂对流感病毒亦有灭活作用。

2.临床表现　主要表现为高热，体温在39℃以上，持续3～4天，同时伴有流涕、鼻塞、咳嗽、咽痛、头痛、全身不适，部分患者可有恶心、腹痛、腹泻、水样便等消化道症状。部分重症患者病情可迅速进展，甚至继发严重肺炎、急性呼吸窘迫综合征、肺出血、胸腔积液、肾功能衰竭、败血症、休克、呼吸衰竭及多器官损伤，导致死亡。流感与普通感冒的区别如表2-2所示。

表2-2　流感与普通感冒的区别

对比项	流感	普通感冒
病原体	流感病毒	呼吸道合胞病毒、鼻病毒、腺病毒、冠状病毒和副流感病毒
发热	多高热（39℃以上，甚至40℃以上），伴有寒战	不发热或轻、中度热，无寒战
发热持续时间	3～5天	1～2天
头痛	显著	少见
肌肉	肌肉酸痛、全身不适	轻微酸痛
精神	疲倦、虚弱、乏力	轻微疲倦
其他症状	可能出现鼻塞、打喷嚏、咽喉痛、发冷等症状	常见鼻塞、打喷嚏、咽喉痛
并发症	可能出现中耳炎、肺炎，甚至脑膜炎或脑炎	罕见
病程	5～10天	1～3天
病死率	较高，由原发病急性加重或并发症引起	较低

3.预防措施

(1)经常开窗通风，保持教室、宿舍等室内场所的空气新鲜。

(2)培养健康的生活方式，要勤洗手、不随地吐痰、不吸烟、不与他人共用毛巾,要做到睡眠充足、均衡饮食、适量运动、注意防寒保暖,增强抵抗力。

(3)儿童、老年人、体弱者和慢性病患者应尽量避免到人多拥挤或空气不流通的场所。

(4)流感患者应主动与健康人群隔离,咳嗽或打喷嚏时应用纸巾或手帕掩口鼻,咳嗽后立即洗手,外出应戴口罩,尽量不要去公共场所,防止传染他人。

(5)如果有发热、咳嗽等症状,应自觉戴上口罩并尽快到医院就诊。

(6)接种疫苗是提高人群免疫力、预防流感传播的主要措施之一。

关于禽流感的预防,可采取如图 2-3 所示的措施。

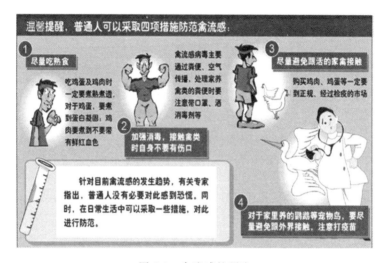

图 2-3　禽流感的预防

(二)肺结核

结核病是由结核杆菌感染引起的慢性传染病。结核杆菌可侵犯全身器官,主要侵犯肺脏,称为肺结核病(又叫"痨病")。每年 3 月 24 日为"世界防治结核病日"。2017年 11 月 19 日,"湖南桃江肺结核事件"重新让结核病进入了国人的视野。

国家疾病预防控制局发布的疫情报告显示,2016 年全国肺结核病发病人数 836236 例、死亡 2465 人,均位居乙类传染病第二位。

1.传播方式　结核杆菌的传播方式为呼吸道传播。其传播方式主要包括以下两种:

（1）飞沫传播。抗酸杆菌阳性的肺结核患者以咳嗽、打喷嚏的方式将结核杆菌经鼻腔和口腔喷出，在空气中形成飞沫，成为含有结核菌的"微滴核"，并长时间悬浮在空气中。若空气不流通，带菌的"微滴核"被健康人吸入肺泡，则引起感染。传染性的大小与患者的病情严重状况、排菌量的多少、咳嗽的频度、患者居住房子的通风情况、接触者的密切程度及抵抗力有关。飞沫传播是最主要的传播方式。

（2）尘埃传播。通过随地吐痰所致尘埃中带有结核杆菌的传播称为尘埃传播，它是次要的传播方式。

2. 肺结核的诊断　典型肺结核起病缓，病程经过较长，常无明显体征。有的患者可出现低热、乏力、食欲不振、咳嗽和少量咯血等症状。其诊断依据包括：

（1）痰涂片抗酸杆菌阳性。痰涂片抗酸杆菌阳性是确诊肺结核的主要依据。

（2）胸部 X 线检查。胸部 X 线检查不但可在早期发现肺结核，而且可对病灶部位、范围、性质、发展情况和治疗效果做出判断，对决定治疗方案很有帮助。

（3）结核菌素试验。结核菌素的纯蛋白衍化物（PPD）试验可用来在人群中筛查结核菌感染，阳性表示结核菌感染。

3. 肺结核的治疗　我国对传染性肺结核患者实行免费检查和治疗。

（1）有结核毒性症状、痰菌阳性、X 线病灶具有炎症成分，或是病灶正在进展或好转阶段，均属活动性肺结核，须进行治疗。目前，我国肺结核的治疗是由定点医院免费进行的。

（2）肺结核的治疗主要用抗结核杆菌的化学药物治疗（简称化疗），是现代结核病最主要的治疗方法，对肺结核的控制起着决定性的作用。传统的休息和营养疗法有辅助治疗的作用。肺结核的化疗原则是：早期、联合、适量、规律和全程使用敏感药物。合理的化疗常常能治愈最严重的结核病。

4. 肺结核的预防

（1）控制传染源。通过普查发现患者，如集体肺部 X 线检查可以发现早期患者，对有可疑症状者要查痰或进一步做 X 线检查，发现并治愈痰涂片抗酸杆菌阳性患者，是切断传染链的最有效方法。

（2）切断传染途径。良好的通风是减少空气中结核杆菌的有效措施之一。紫外线每日 3 次、每次 30～45 分钟的照射，能高效杀灭空气中的细菌。

学校结核病
防控工作规范
（2017 版）

（3）保护易感者。卡介苗是全球使用广泛的疫苗之一，也是我国计划免疫的内容，一般可维持 5～10 年，主要保护婴幼儿免于结核杆菌的感染。加强宣传教育,使人们掌握肺结核的预防知识,是整个防治工作的关键。

(三)病毒性肝炎

病毒性肝炎是由多种不同类型的肝炎病毒引起、以肝脏损害为主的一组传染病,具有传染性强、传播途径复杂、流行面广、发病率高等特点。

病毒性肝炎根据病原学分类,分为甲、乙、丙、丁、戊五型(图2-4)。我国是病毒性肝炎的高发地区,五种类型的肝炎在国内均有发生和流行。据估算,我国每年约有33万人死于乙肝或丙肝病毒感染导致的肝硬化和原发性肝癌。统计显示,乙肝病毒携带者约9000万人,其中约2800万为慢性乙肝患者;丙肝病毒感染者约有760万人,其中约456万为慢性丙肝患者。

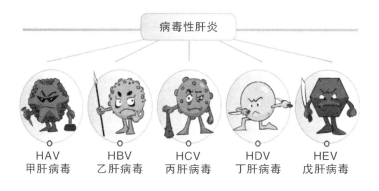

图2-4　病毒性肝炎的分类

1.传播途径　人类对各型肝炎普遍易感,各种年龄均可发病。

甲型和戊型肝炎主要经粪—口途径传播。病毒主要通过粪便排出体外,以发病前5天至发病后1周传染性最强。粪便中排出的病毒通过被污染的手、水、苍蝇和食物等经口感染,以日常生活接触为主要方式。机体在感染甲型肝炎后可产生较稳固的免疫力,故成年人血液中普遍存在甲肝抗体,甲肝发病者以儿童居多。

乙型、丙型和丁型肝炎的病毒存在于患者的血液及各种体液(汗、唾液、泪水、乳汁、羊水、阴道分泌物、精液等)中。急性患者自发病前2~3个月即具有传染性,并持续于整个急性期。

乙型、丙型、丁型肝炎的传播途径包括:

(1)输血及血液制品、使用污染的注射器或针刺等。

(2)母婴垂直传播(主要通过分娩时吸入羊水、产道血液、哺乳及密切接触感染,通过胎盘感染者约占5%)。

（3）性接触传播。

2. 临床表现

（1）急性肝炎。急性肝炎的病程可分为3期：

①黄疸前期。多以发热起病，伴以全身乏力、食欲不振、厌油、恶心或呕吐，常有上腹部不适、腹胀、腹泻，尿色逐渐加深，呈红茶样；肝脏可轻度肿大，伴有触痛及叩击痛。化验显示尿胆红素及尿胆原阳性，血清丙氨酸转氨酶（ALT）明显升高。本期一般持续5～7天。

②黄疸期。尿色加深，巩膜及皮肤出现黄染，且逐日加深，多于数日至2周内达高峰；出现皮肤瘙痒、大便颜色变浅等症状。本期肝大，有明显触痛及叩击痛，部分病例有轻度脾大；肝功能改变明显。本期通常持续2～6周。

③恢复期。黄疸消退，精神及食欲好转。肿大的肝脏逐渐回缩，触痛及叩击痛消失。肝功能恢复正常。本期通常持续1～2个月。

（2）慢性肝炎。慢性肝炎可分为以下两种类型：

①慢性迁延性肝炎。在患急性肝炎半年后，仍有轻度乏力、食欲不振、腹胀、肝区痛等症状，多无黄疸；肝大伴有轻度触痛及叩击痛。肝功能检查主要表现为ALT单项增高。

②慢性活动性肝炎。有较明显的肝炎症状，如倦怠无力、食欲差、腹胀、便溏、肝区疼痛、面色晦暗等。肝、脾多肿大且质地较硬，伴有触痛及叩击痛；肝功能检查表现为ALT持续升高或反复波动。

（3）重型肝炎。重型肝炎是由于宿主对入侵病毒发生强烈的免疫反应，致使肝细胞大片坏死，机体发生细胞免疫功能衰竭。重型肝炎起病急，病程短，一般少于10天。病情发展迅猛，患者常有高热、乏力及严重的消化道症状（如厌食、腹胀、恶心、呕吐等），出血倾向明显（鼻出血、瘀斑、呕血、便血等）。出现神经、精神症状（如性格改变、行为反常、嗜睡、烦躁不安等），黄疸很快加深，可急骤发展为肝昏迷。但肝细胞广泛坏死后可形成"酶胆分离"现象。

3. 治疗与预防 病毒性肝炎采用综合治疗的方法，以适当休息和合理营养为主，药物治疗为辅。药物治疗包括抗病毒治疗、免疫调节治疗、导向治疗、护肝药物治疗、中医中药治疗。预防措施有：

（1）报告和登记。对疑似或确诊的肝炎病例，均应根据病原学分类，向疾病预防与控制部门进行传染病报告。

（2）隔离和消毒。急性甲型及戊型肝炎自发病日算起隔离3周；乙型及丙型肝炎隔离至病情稳定后；对患者的分泌物、排泄物、血液以及污染的医疗器械及物品均应进行消毒处理。

（3）血源管理。献血者应在每次献血前进行体检，检测 ALT、乙肝表面抗原（HBsAg）及抗丙型肝炎病毒（抗 HCV）。肝功能异常者，HBsAg、抗 HCV 阳性者不得献血。

（4）HBsAg 携带者的管理。HBsAg 携带者可照常工作和学习，但不能献血，应注意个人卫生、经期卫生以及行业卫生，以防感染他人。2010 年 1 月，人力资源和社会保障部、教育部、卫生部下发了《关于进一步维护乙肝表面抗原携带者入学和就业权利的通知》，取消了在公民入学、就业体检中的乙肝病毒血清学检测，把乙肝防治宣传列入当地健康教育规划，帮助公众了解乙肝，消除疑虑。

（5）加强饮食卫生管理。保护水源，保护环境卫生，无害化处理粪便。

（6）加强各种医疗器械的消毒处理。注射使用一次性注射器，医疗器械实行"一人一用一消毒"。

（7）预防接种。甲肝和乙肝均可预防接种。

（四）感染性腹泻

感染性腹泻是指由病原生物（包括细菌、病毒、寄生虫等）引起的，以腹泻为主要临床特征的一组肠道传染病。感染性腹泻传播速度快、波及范围广、发病率高，治疗不及时或不合理可致死亡。

根据《传染病防治法》的规定，霍乱为甲类传染病，细菌性和阿米巴性痢疾为乙类传染病，除霍乱、细菌性和阿米巴性痢疾、伤寒和副伤寒以外的感染性腹泻病为丙类传染病，下面分别加以叙述。

1. 霍乱　霍乱是由霍乱弧菌引起的急性肠道传染病，以起病急、传播快、范围广、易导致大面积流行为特征。其发病一般在 5—11 月，而流行高峰多在 7—10 月。

（1）病程通常分为 3 期。①吐泻期。多数患者无前驱症状，突然发生剧烈腹泻，继而呕吐，每日腹泻十余次至数十次，甚至大便从肛门口直流而出，难以控制。由黄色稀便变成米泔水样便，呕吐物也由胃内容物变成米泔水样。1～2 天后进入脱水期。②脱水期。由于剧烈吐泻，患者迅速出现脱水，出现"霍乱面容"，表现为神志淡漠甚至不清、眼眶下陷、口唇干裂、皮肤皱缩湿冷、手指干瘪、腹凹陷如舟等症状；电解质大量丢失，引起腓肠肌、腹直肌等的痉挛；肌张力减低，反射消失等。重者表现为无尿、脉搏细数或不能触及、血压下降等多器官衰竭等症状。③反应恢复期。患者脱水纠正后，大多数症状消失，逐渐恢复正常。

（2）治疗。霍乱治疗补液是关键。补液以早期、快速、足量、先盐后糖、先快后慢、见尿补钾为原则。治疗中可加用抗生素，以减少腹泻量，缩短腹泻持续时间，降低病后带菌率。

（3）预防。①我国《传染病防治法》将霍乱列为甲类传染病。对霍乱患者应严密隔离至症状消失 6 天后，粪便培养致病菌连续 3 次阴性为止。②患者和带菌者是霍乱的主要传染源。主要通过水体、食物、生活接触和苍蝇媒介传播，水源被污染是霍乱暴发流行的主要因素。目前，口服的霍乱疫苗已研制成功，WHO 已利用口服霍乱疫苗对霍乱暴发地区的高危人群进行免疫接种。

2.细菌性痢疾　细菌性痢疾是由痢疾杆菌引起的常见肠道传染病，临床上以发热、腹痛、腹泻、里急后重感和黏液脓血便为特征。严重者可出现感染性休克和中毒性脑病。

（1）流行病学的特征。细菌性痢疾是我国的常见病、多发病。痢疾杆菌最适宜生长温度为 37℃，故夏、秋两季较适合其生长繁殖。夏秋季节时，志贺氏菌属在肉类食品中 4 小时可增殖 100～800 倍，12 小时超过 50000 倍；在瓜果蔬菜中 8～24 小时可增殖 20～800 倍。据统计，我国每年细菌性痢疾发病人数有几十万，居乙类传染病的前 3 位。

（2）细菌性痢疾的流行环节。①传染源包括患者和带菌者。②痢疾杆菌通过粪—口途径传播，痢疾杆菌随患者或带菌者的粪便排出，通过被污染的手、食品、水源等直接方式传播，或苍蝇、蟑螂等间接方式传播，最终均经口入消化道使易感者受感染。③人群对痢疾杆菌普遍易感，与不良卫生习惯有密切关系。

（3）临床表现。菌痢起病急，患者畏寒、发热，体温达 38℃ 以上，有头昏、头痛、恶心等全身中毒症状，腹痛、腹泻，粪便呈黏液或黏液脓血便，每日排便十余次至数十次不等，伴里急后重感，左下腹压痛明显，病程 1 周左右。少数患者有电解质紊乱、休克等情况发生。

（4）治疗方案。急性菌痢的治疗有：卧床休息，给予易消化、高热量、高维生素的饮食。对于高热、腹痛、脱水者给予退热、解痉、补液等治疗，可酌情使用抗生素，以减轻病情，缩短排菌期。

（5）预防措施。①除肠道传染病的常规预防措施外，对临床诊断和实验室确诊的急性患者应隔离治疗，并将疫情通过网络向卫生部报告。②洪涝灾害容易使水源受到严重污染；饮食卫生条件恶化及居住条件较差，易导致肠道传染病流行，应该特别提高警惕。

3.诺如病毒感染　1968 年，美国的诺瓦克地区暴发了一起胃肠炎疫情。至 1972 年，美国科学家在对该次疫情的粪便检测中发现了一种新型病毒，并命名为"诺瓦克病毒"（诺如病毒）。诺如病毒感染引起的胃肠炎，其临床表现有恶心、呕吐、腹部痉挛性腹泻等症状，患者呕吐剧烈，自感病情较重，常持续 1～2 天。部分病人尚伴有头痛、发热、寒战、肌肉疼痛等症状。

（1）诺如病毒的传播。诺如病毒通常栖息于牡蛎等贝类中，人若生食这些受污染的贝类就会被感染。除了水源性传播外，直接接触也是诺如病毒常见的传播途径。食物和饮料很容易被诺如病毒污染，因为病毒很小，而且摄入不到 100 个病毒就能使人发病。食物可以被受污染的手、呕吐物或受粪便污染的物体表面直接污染，或者通过附近呕吐物的细小飞沫污染，而导致疾病。由于传播途径广泛，潜伏期短，传染性极强，诺如病毒极容易在短时间内大规模暴发。

（2）诺如病毒的治疗。患者通常 1～2 天即可痊愈，但抵抗力弱的人在感染病毒后病情容易恶化。

（3）诺如病毒的预防。①及时隔离治疗病人。②对食品加工者定期进行体检，防止其传播病毒。③食用牡蛎、蛤等贝类水产品时应煮熟、煮透，要防止养殖水源被污染。一旦确认饮用水或养殖水源受污染，须立即进行消毒处理。④经常用肥皂洗手，保持手的卫生与清洁。

（五）登革热

登革热是由登革病毒引起，经伊蚊传播的一种急性传染病，是东南亚地区儿童死亡的主要原因之一，其潜伏期通常为 5～7 天，具有传播迅猛、发病率高等特点。主要分布在热带及亚热带地区，患者有可能出现极度疲倦及抑郁症状，少数患者会恶化至登革出血热，并进一步出血、休克，乃至死亡。登革热引起的并发症往往是病人致死的主因。该病于 1779 年在埃及开罗、印度尼西亚雅加达及美国费城发现，并据症状命名为关节热和骨折热；1869 年由英国伦敦皇家内科学会命名为登革热。截至 2014 年 8 月 13 日，中国广州市当年累计报告 400 例登革热病例。2017 年，浙江首次确诊登革热Ⅳ型病例后，各地病例陆续增多。

1.临床表现

(1)所有患者均发热。起病急,先寒战,随之体温迅速升高,24小时内可达40℃。一般持续5～7天,然后骤降至正常,热型多不规则,部分病例于第3～5天体温降至正常,1日后又再升高,称为双峰热或鞍形热。儿童病例起病较缓,热度也较低。

(2)全身毒血症状。发热时伴有全身症状,如头痛、腰痛,尤其骨、关节疼痛剧烈,似骨折样或碎骨样,严重者影响活动,但外观无红肿。消化道症状可有食欲下降、恶心、呕吐、腹痛、腹泻等。脉搏早期加快,后期变缓。严重者疲乏无力,呈衰竭状态。

(3)皮疹于病程3～6日出现,为斑丘疹或麻疹样皮疹,也有猩红热样皮疹、红色斑疹,重者变为出血性皮疹。皮疹分布于全身,多见于四肢、躯干和头面部,多有痒感,持续5～7日。疹退后无脱屑及色素沉着。

(4)25％～50％的病例有不同程度出血,如牙龈出血、鼻衄、消化道出血、咯血、血尿等。

(5)其他临床表现。多有浅表淋巴结肿大。约1/4病例有肝脾肿大及ALT升高,个别病例可出现黄疸,束臂试验阳性。

2.治疗与预防　登革热的治疗以对症治疗为主:

(1)高热应以物理降温为主,对出血症状明显的患者,应避免酒精擦浴。

(2)维持水电平衡,对于大汗或腹泻者应鼓励患者口服补液,对频繁呕吐、不能进食或有脱水、血容量不足的患者应及时静脉输液。

(3)有出血倾向者可选用卡巴克洛(安络血)、酚磺乙胺(止血敏)、维生素C及维生素K等止血药物。

(4)休克病例应快速输液以扩充血容量,并加用血浆和血浆代用品,并发弥散性血管内凝血(DIC)的患者,不宜输全血,避免血液浓缩。

(5)脑型病例应及时选用浓度20％甘露醇250～500毫升,快速静脉注入,同时静脉滴注地塞米松,以降低颅内压,防止脑疝发生。

(6)预防措施。控制和消灭埃及伊蚊和白纹伊蚊是当前最有效的预防措施。埃及伊蚊主要滋生于户内积水容器内,白纹伊蚊主要滋生于盆、罐、树洞、废轮胎、花瓶以及建筑工地容器积水中。消灭和控制埃及伊蚊和白纹伊蚊,一般以消灭滋生地和幼虫为主。

浙江省登革热疫情形势与对策措施

(六)疥疮

疥疮是疥螨引起的一种皮肤病,部分螨虫的大小肉眼刚能看见,通过接触可在人与人之间传染,可以通过衣物、床上用品等其他共同物品传播,易使全家受传染。

1.临床表现 表现出微小的粉红色丘疹并有剧烈瘙痒。疥疮的特征是剧痒,通常在夜间加剧。疥螨孵化时可出现长达10毫米的波浪形线状隧道,有时一端有小丘疹。损害主要发生在手指缝、手腕部、肘窝、腋窝、女性乳头周围、男性生殖器(阴茎和阴囊)、腰部和臀部。除幼儿可在面部有水疱样损害外,成人很少出现面部感染。由于搔抓引起炎症掩盖了孵化隧道,因此很难发现,特别是感染一段时间以后。

2.诊疗措施 一般根据瘙痒和孵化隧道两个特征可诊断疥疮。但应从孵化隧道内刮取标本,在显微镜下查见疥螨后才能确诊。

疥疮可用硫黄霜剂治疗,疗效显著,可加用皮质类固醇霜剂减轻瘙痒,直到消灭疥螨。患者家庭成员与患者有皮肤接触,如性接触的也应一起治疗。疥螨存活期短,一般清洗衣物就可以将其杀灭。治疗疥疮时需彻底清洁或熏蒸衣物和被褥,预防再感染。

(七)水痘

水痘是由水痘-带状疱疹病毒引起的急性传染病,以冬、春季为多见,常呈流行性,患者是唯一的传染源。自发病前的1~2天至皮疹干燥结痂均有传染性,主要通过空气飞沫和接触传播,传染性极强,任何年龄均可发病,小儿多见,病后免疫力持久。其典型临床表现如下:

(1)潜伏期。14天左右。

(2)前驱期。畏寒、发热、乏力、咽痛,持续1~2天。

(3)出疹期。发热24小时内出疹,先躯干和头部,后波及面部和四肢,发间可见皮疹。初为红色斑疹,数小时后变为丘疹,再过数小时左右发展成疱疹。疱疹为单房性,疱液初为清亮,后稍混,周围有红晕。1~2天后干枯、结痂,1周左右痂皮脱落,一般不留瘢痕。皮疹呈向心性分布,同时可见丘疹、疱疹和痂疹。

水痘多为自限性疾病,10天左右可自愈。

第三节　校园常见非传染性疾病

一、内科类别

（一）支气管哮喘

支气管哮喘简称哮喘，是一种气道慢性变态反应性疾病，其特征为可逆性气道阻塞、气道炎症和对多种刺激的气道反应性增高。多数有季节性，日轻夜重。常常与吸入外源性变应原有关。哮喘发作时的气道变化如图 2-5 所示。我国哮喘的患病率为 $1\%\sim4\%$。$13\sim14$ 岁儿童的哮喘患病率为 $3\%\sim5\%$。一般认为儿童患病率高于青壮年，老年人群的患病率有增高的趋势。

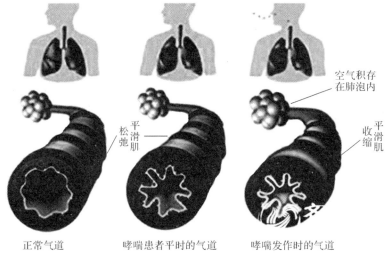

空气积存
在肺泡内

平滑肌

松弛

平滑肌

收缩

正常气道　　　　哮喘患者平时的气道　　　　哮喘发作时的气道

图 2-5　哮喘发作时的气道变化

1.**病因**　哮喘与多基因遗传有关，同时受遗传因素和环境因素的双重影响，约 40% 的哮喘患者有家族史。空气中的尘螨、花粉、真菌、动物毛屑，细菌或病毒感染，鱼、虾、蟹、蛋、牛奶等食物，阿司匹林等药物，气候变化、运动、妊娠等，都可能是哮喘的诱发因素。

2.**临床表现**　患者出现发作性胸闷、咳嗽，伴有哮鸣音的呼气性呼吸困难；严重者被迫采取坐位或呈端坐呼吸，甚至出现发绀。症状可在数分钟内发作，持续数小时至数天,可自行或经治疗后缓解。不典型哮喘表现为顽固性咳嗽或阵发性胸闷,以咳嗽为唯一临床症状的哮喘称为咳嗽变异性哮喘。

哮喘发作时,胸部呈过度充气状态,可闻及广泛的哮鸣音,呼气音延长。非常严重的哮喘发作时,哮鸣音可不出现,称为寂静胸。

3.诊断与治疗 典型的哮喘病例根据"三性",即喘息症状的反复发作性、发病时肺部哮鸣音的弥散性和气道阻塞的可逆性,不难做出诊断。一般根据血常规、痰液检查、胸部 X 线、血气分析、呼吸功能测定等检查来诊断疾病及判断预后,检测引起哮喘发作的特异性变应原,进行脱敏治疗,从而有效预防哮喘。

哮喘目前尚无根治的方法,临床治疗的目的是控制症状,减少发作,提高生活质量。脱离变应原是防治哮喘最有效的措施。

药物治疗分为两类:一类是舒张支气管、缓解哮喘发作的药物,也称支气管舒张药,包括β2 受体激动剂、抗胆碱药、茶碱类等;另一类主要是治疗气道的炎症、降低气道高反应性的药物,如糖皮质激素、酮替芬等。急性期哮喘症状得到控制后,医生还将根据病情制定合适的长期治疗方案。

4.预后与患者管理 对哮喘患者进行长期系统管理,通过有规律的肺功能检测客观地评价哮喘发作的程度,避免诱发因素,减少复发。哮喘患者应掌握以下内容:

(1)相信通过长期、适当、充分的治疗完全可以有效控制哮喘发作。

(2)了解自身哮喘的诱发因素。结合每个人的具体情况,找出各自的诱发因素以及避免方法。

(3)简单了解哮喘的本质和发病机制。

(4)熟悉哮喘发作的先兆表现及相应处理办法。

(5)学会哮喘发作时进行简单的紧急自我处理的方法。

(6)了解常用平喘药物的作用、用法、用量及不良反应。

(7)学会自行监测病情变化,并进行评定,知道什么情况下应去医院。

(8)与医生共同制定防止复发、保持长期稳定的方案。

哮喘的预后因人而异,与是否选用正确的防治方案关系密切。儿童哮喘通过积极规范的治疗,临床控制率可达95％。若长期反复发作而并发慢性阻塞性肺疾病、慢性肺源性心脏病者,则预后不良。

(二)肺炎

肺炎是指终末气道、肺泡和肺间质的炎症,可由病原微生物、理化因素、免疫损伤、过敏及药物所致。细菌性肺炎是最常见的肺炎,也是常见的感染性疾病之一。肺炎可累及某一肺叶（大叶性肺炎）、某一肺叶的某一肺段（段性或小叶性肺炎）、邻近支气管的肺泡（支气管肺炎）或间质组织（间质性肺炎），这些区别一般根据 X 线表现划分。

1.病因 人体是否发生肺炎取决于两个因素：病原体和人体。如果病原体数量多、毒力强和（或）人体呼吸道局部与全身免疫防御系统损害，即可发生肺炎。病原体可通过下列途径引起获得性肺炎：空气吸入；血行播散；邻近感染部位蔓延；上呼吸道定植菌的误吸。诱因包括：呼吸道病毒感染，酒精中毒，吸烟，心力衰竭，慢性阻塞性气道疾病，年龄太小或太大，虚弱，免疫抑制（如糖尿病、慢性肾衰竭等），意识障碍，吞咽困难和接触传染因子。

2.临床表现 细菌性肺炎的症状变化较大，可轻可重。常见的症状包括咳嗽、咳痰、发热或原有呼吸道症状加重，并出现脓性痰或血痰，伴或不伴胸痛。病变范围大者可有呼吸困难、呼吸窘迫等。早期肺部体征无明显异常，体检可发现呼吸急促和实变体征，可闻及湿啰音。

3.诊断、治疗和预防 诊断有赖于特征性的症状和胸部 X 线的浸润病灶。治疗包括呼吸支持（如需要给予氧疗）、抗感染治疗、支持疗法及处理并发症。

预防措施包括：加强体育锻炼，增强体质；减少危险因素如吸烟、酗酒等；改善卫生环境，注意开窗通风。

（三）高血压

高血压是以动脉血压异常增高为主要临床表现的综合征，是脑卒中、动脉瘤、冠心病、心力衰竭、心肌梗死和肾脏损害的重要病因和危险因素。高血压可影响重要脏器如心、脑、肾的结构和功能，最终导致这些器官的功能衰竭，迄今仍是心血管疾病患者死亡的主要原因之一。

1.血压水平定义和分类 我国采用国际上统一的血压分类和标准，高血压定义为收缩压≥140mmHg 和（或）舒张压≥90mmHg。根据血压升高水平，又进一步将高血压分为 1、2、3 级。将血压 120～139/80～89mmHg 列为正常高值是根据我国流行病学数据分析的结果。2017 年 11 月 18 日，美国心脏学会公布了新版美国高血压指南，新指南将高血压定义为≥130/80mmHg，取代以前的≥140/90mmHg 的高血压标准，并取消了高血压前期的类别。

2.病因 大约90%的高血压没有明确的原因，这种高血压称为原发性高血压。由某些确定的疾病或病因引起的血压升高称为继发性高血压，如由原发性醛固酮增多症、嗜铬细胞瘤、肾血管性高血压、肾素瘤等引起的高血压。原发性高血压是一种有多种危险因素的非传染性疾病，是遗传易感性和环境因素相互作用的结果,一般认为遗传因素约占 40%,环境因素约占 60%。常见的高血压的病因如图 2-6 所示。

图 2-6　高血压的病因

(1)遗传因素。高血压具有明显的家族聚集性。父母均有高血压,子女的发病概率高达 46%;约 60% 的高血压患者可询问到有高血压家族史。高血压的遗传主要有两种方式:基因显性遗传和多基因关联遗传。

(2)环境因素。①饮食。盐摄入越多,血压水平和患病率越高。膳食中的总热量、动物脂肪、蛋白质摄入过多与血压升高有关。饮酒量与血压水平呈线性相关(尤其是收缩压)。钾摄入量与血压呈负相关。低钙与高血压发生有关。②精神应激。脑力劳动者高血压患病率超过体力劳动者,从事精神紧张度高的职业者发生高血压的可能性较大,长期处于噪声环境中的人患高血压也较多。

(3)其他因素。①体重。超重或肥胖是血压升高的重要危险因素。高血压患者约 1/3 有不同程度的肥胖。腹型肥胖者容易发生高血压。②避孕药。服避孕药的妇女高血压的发生率及程度与服用时间长短有关。口服避孕药引起的高血压一般为轻度,并且可逆转。③阻塞型睡眠呼吸暂停低通气综合征(OSAS)。OSAS 是指睡眠期间反复出现发作性呼吸暂停,常伴重度打鼾。OSAS 患者约 50% 有高血压,其程度与 OSAS 病程有关。

3.临床表现及并发症　高血压可分为缓进性高血压和急进性高血压,以前者多见。缓进性高血压起病渐进,一般缺乏特异性的临床表现。常见症状有头晕、头痛、颈项肌肉紧张、疲劳、心悸等,这些症状呈轻度持续性,在紧张或劳累后加重,多可自行缓解;也有少数患者无明显症状。恶性或急进性高血压病情发展急骤,舒张压持续≥140mmHg(国际通用标准),并有头痛、视力模糊、眼底出血、渗出和视盘水肿、肾脏损害等症状,如不及时进行有效的降压治疗,预后很差,可死于急性肾衰竭、脑卒中或急性心力衰竭。

血压随季节、昼夜、情绪等因素的改变有较大波动。冬季血压较高,夏季较低;清晨起床后血压较高,夜间血压较低;在家中情绪放松,自测血压值往往可低于诊所。

高血压并发症包括高血压危象、高血压脑病、脑血管病(包括脑出血、脑血栓、腔隙性脑梗死)、心力衰竭、慢性肾衰竭。

4.**诊断** 高血压诊断的主要根据为所测量的血压值,即测量安静休息时上臂肱动脉部位血压,测得的血压≥140/90mmHg。高血压的诊断必须以未服用降压药物的情况下2次或2次以上非同日多次血压测定所得的平均值为依据。

5.**治疗** 原发性高血压目前以降压、保护重要器官等治疗为主,目的是减少高血压患者心脑血管病的发生率和死亡率。高血压的治疗包括改善生活方式和降压药物治疗两方面。

(1)改善生活方式。适用于所有高血压患者,对于轻度高血压患者,通过改善生活方式就有可能使血压降到正常水平。对于中、重度高血压患者,改善生活方式也可作为一种辅助治疗手段,以减少药物用量,从而减少对药物的不良反应。

①减轻体重。尽量将体重指数(BMI)控制在25以下。体重降低对改善胰岛素抵抗、糖尿病、高脂血症和左心室肥厚均有益。

②减少钠盐摄入。减少烹调用盐,每人每日食盐量以不超过6克为宜。

③补充钙和钾。每人每日吃新鲜蔬菜400～500克,喝牛奶500毫升,可以补充钾1000毫克和钙400毫克。

④减少脂肪摄入。

⑤限制饮酒。饮酒量每日不可超过相当于40克酒精的量。

⑥增加运动。较好的运动方式是低或中等强度的有氧运动,一般每周3～5次,每次30～60分钟。

(2)降压药物治疗。常用的降压药物可归纳为五大类,即利尿剂、β受体阻滞剂、钙通道阻滞剂(CCB)、血管紧张素转化酶抑制剂(ACEI)和血管紧张素Ⅱ受体阻滞剂(ARB)。

(四)心肌炎

心肌炎是指病原微生物感染或物理化学因素引起的心肌炎症性疾病。炎症可累及心肌细胞、间质及血管、心瓣膜、心包,最后可导致整个心脏结构损害。近年来病毒性心肌炎的发病率显著增高,这里重点介绍病毒性心肌炎。

病毒性心肌炎是指由嗜心肌性病毒感染引起的、以心肌非特异性间质性炎症为主要病变的心肌炎。其中以柯萨奇A、B组病毒,埃可病毒,脊髓灰质炎病毒等为常见,尤其是柯萨奇B组病毒,占30%～50%。

1.临床表现和诊断 病毒性心肌炎患者的临床表现常取决于病变的广泛程度,轻重程度差异很大,可完全没有症状,也可以猝死。约半数患者于发病前1～3周有病毒感染的症状,如发热、全身倦怠感(即所谓"感冒"样症状),或恶心、呕吐等消化道症状,然后出现心悸、胸痛、呼吸困难、浮肿,甚至阿-斯综合征。体检可见心动过速,各种心律失常,可听到第三心音或杂音,或有颈静脉怒张、肺部啰音、肝大等体征,重症可出现心源性休克。心电图常见ST段、T波改变和各种心律失常,特别是室性心律失常和房室传导阻滞等。血清肌钙蛋白、心肌酶增高,红细胞沉降率加快,C反应蛋白增高。

2.治疗 病毒性心肌炎患者应绝对卧床休息,以减轻心脏负担,同时进食富含维生素及蛋白质的食物。有严重心律失常、心力衰竭的患者,应卧床休息1个月,半年内不参加体力活动。无心脏功能改变者,应卧床休息半个月,3个月内不参加重体力活动。黄芪、牛磺酸、维生素C、辅酶Q10等药物有抗病毒、调节免疫、保护心肌和改善心脏功能的作用。

3.预后 大多数患者经过适当治疗后能痊愈,但有期前收缩者常持续较长时间,并易在感冒、劳累后期前收缩增多,也可在1年后心律失常持续存在,如无不适不必用抗心律失常药物干预。

(五)消化性溃疡

消化性溃疡泛指胃肠道黏膜在某种情况下被胃酸、胃蛋白酶消化而造成的溃疡,可发生于食管、胃和十二指肠,也可发生于胃空肠吻合口附近(图2-7)。因为胃溃疡(GU)和十二指肠溃疡(DU)最常见,故平时所指的消化性溃疡就是指GU和DU。溃疡的黏膜缺损超过黏膜肌层,比糜烂深。消化性溃疡是全球性常见病,约10%的人一生中患过此病。十二指肠溃疡多见于青壮年,而胃溃疡多见于中老年;男性患者比女性稍多。临床上十二指肠溃疡比胃溃疡较为多见,两者之比约为3∶1。

上消化道出血急诊

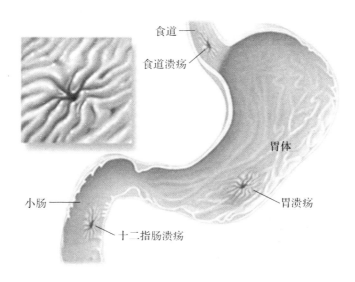

食道

食道溃疡

胃体

小肠

胃溃疡

十二指肠溃疡

图 2-7　消化性溃疡

1.**病因学和发病机制**　自 20 世纪 80 年代以来,学术界对消化性溃疡病因的认识发生了很大变化。现认为消化性溃疡是一种多因素疾病,其中幽门螺杆菌感染和服用非甾体消炎药(特别是前者)是消化性溃疡最主要的病因,并由此引发消化性溃疡治疗策略的重大变革。溃疡发生是黏膜被侵袭和防御因素失衡的结果,胃酸在溃疡形成中起了关键的作用。

2.**临床表现**　消化性溃疡有慢性和周期性发作的临床特点,上腹痛为主要症状,性质可为钝痛、烧灼痛、胀痛或饥饿痛,疼痛有典型的节律性。十二指肠溃疡表现为饥饿痛,进食后缓解,患者若出现夜间痛醒,高度提示十二指肠溃疡;胃溃疡表现为餐后约 1 小时发生疼痛,经 1～2 小时后逐渐缓解,至下餐进食后再出现。

3.**诊断和治疗**　胃镜检查及胃黏膜活组织检查是确诊消化性溃疡首选的检查方法。胃镜检查也可用于确诊幽门螺杆菌感染。

幽门螺杆菌检测为常规检查项目,因为它决定治疗方案的选择。检测方法分为侵入性和非侵入性两大类,前者需通过胃镜检查取胃黏膜活组织检测,后者主要有 ^{13}C 或 ^{14}C 尿素呼气试验、粪便幽门螺杆菌抗原检测及血清学检查。

消化性溃疡的治疗包括一般治疗和药物治疗。

(1)一般治疗。生活有规律,劳逸结合,避免过度劳累和精神紧张。注意饮食规律,戒烟、酒。禁止服用非甾体消炎药。

（2）药物治疗。药物治疗主要包括：

①抑制胃酸分泌的药物。如复方氢氧化铝、雷尼替丁、奥美拉唑等。

②保护胃黏膜的药物。如硫糖铝、枸橼酸铋钾等。

③根治幽门螺杆菌。凡由幽门螺杆菌感染引起的消化性溃疡，无论初发或复发、活动或静止、有无并发症，均应予以根除幽门螺杆菌治疗。目前尚无单一药物能有效根除幽门螺杆菌，必须联合用药。

4.并发症

（1）出血。出血是消化性溃疡最常见的并发症，也是上消化道大出血最常见的病因。症状包括呕血（呕出鲜血或"咖啡"样物）、解柏油样或"柏油"样黑便（分别称便血或黑便），以及因失血所致的虚弱、直立性低血压、晕厥、口渴和出汗。

（2）穿孔。溃疡病灶向深部发展，穿透胃或十二指肠壁则并发穿孔。急性穿孔后胃肠的内容物漏入腹腔而引起急性腹膜炎，患者突然感到剧烈持久的上腹部疼痛，并迅速扩展至整个腹部，逐渐以右下腹部最为显著。患者常静卧不动，腹部有剧痛，反跳痛明显，深呼吸也会使疼痛加剧，腹肌强直（木板样），肠鸣音减弱或消失，需紧急手术。

（3）幽门梗阻。主要由十二指肠溃疡或幽门管溃疡引起。症状包括反复大量呕吐，进食后持续性腹胀或饱满感，呕吐物含发酵酸性宿食。

（4）癌变。少数胃溃疡可发生癌变。长期慢性胃溃疡病史、年龄在 45 岁以上、溃疡顽固不愈者应提高警惕。

（六）尿路感染

尿路感染（简称尿感），可分为上尿路感染和下尿路感染。上尿路感染指的是肾脏或输尿管的感染，主要是肾盂肾炎；下尿路感染指的是膀胱或尿道的感染，主要是膀胱炎。细菌、病毒、真菌和很多寄生虫均可引起尿路感染，其中最常见的致病菌是大肠杆菌，占 70% 以上。病原体通常经两个途径感染尿路，最常见的途径为经尿道向上扩散的上行性感染；另一种途径是经血源性途径直接感染肾脏。尿路感染患者以女性居多。

1.临床表现　急性膀胱炎患者占尿路感染总人数的 60%，主要表现为尿频、尿急、尿痛、排尿时烧灼感等，但一般无明显的全身感染症状。尿液常混浊，约 30% 的患者有血尿，偶可有肉眼血尿。

急性肾盂肾炎通常表现为突发性寒战、发热、头痛、恶心、呕吐，常有腰痛、肋脊角压痛或叩击痛，血白细胞数升高，约 1/3 的患者同时有尿频、尿急、尿痛等下尿路感染症状。不少肾盂肾炎的临床表现可以与膀胱炎相同，仅凭临床表现很难鉴别。

2.诊断和治疗

(1)诊断。凡是有真性细菌尿者均可诊断为尿感。女性有明显尿频、尿急、尿痛、尿白细胞增多等,便可疑为尿感,如尿细菌定量培养大于等于 105 个/毫升,且为尿感常见致病菌,则可拟诊为尿感。

(2)治疗。尿感的治疗通常分为一般治疗和抗感染治疗。

①一般治疗。鼓励患者多饮水,勤排尿。大量饮水,通过尿的冲洗作用可将很多细菌冲刷出体外,机体的天然防卫机制可消灭残存的细菌。

②抗感染治疗。对急性单纯性膀胱炎给予 1～3 天的抗生素治疗能有效控制感染。急性肾盂肾炎抗生素疗程较长,为 7～14 天。

3.预后　非复杂性急性尿感经治疗后 90％以上可治愈,但易复发。复杂性急性尿感治愈率低,除非纠正了易感因素,否则很难治愈。

4.预防

(1)多饮水,勤排尿(2～3 小时排尿 1 次)是最实用和有效的预防方法。

(2)慢性肾盂肾炎患者要增强体质,提高机体的防御能力。

(3)消除各种诱发因素。如糖尿病、肾结石及尿路梗阻等。

(4)积极寻找并去除炎性病灶。如男性的前列腺炎,女性的尿道旁腺炎、阴道炎。

(5)经常注意会阴部的清洁,尤其是怀孕期及月经期。

(6)尽量避免使用尿路器械,若必须留置导尿管,应严格执行有关规范。

(7)与性生活有关的发作性尿感,应于性交后即排尿,可按常用量服抗菌药物作为预防。

(七)癫痫

癫痫是一组由脑过度放电所致、反复突发性短暂脑功能异常的慢性疾病,见于各个年龄组,病因不一。其患病率为 0.5％～2％。大约 10％的人在一生中可能有过一次发作。发作大多为脑刺激症状,运动、感觉、自主神经、认知、情感或行为等方面的异常反应。以抽搐等运动症状为突出表现的发作称为惊厥。

1.病因　25％的成人癫痫患者可以找到病因,如脑电图检查出现异常脑电活动,磁共振发现脑组织小瘢痕等。未发现脑部受损证据,病因不得而知的癫痫称为特发性癫痫。有些病例,脑部的小瘢痕是由出生时或以后的脑外伤引起的。某些特殊类型的癫痫(如青春期肌阵挛性癫痫)可能由遗传引起。

2.临床表现　根据痫性发作的特点进行分类,癫痫的临床表现可分为以下几类：

(1)单纯部分性发作。脑部异常放电范围小，且局限于一定区域，其表现取决于脑受累的部位，可以是感觉、运动异常，也可以是精神失常。表现为一侧口角、手指、手或足趾、足部肌肉的发作性抽搐，或身体局限部位的感觉异常。

(2)复杂部分性(精神运动性)发作。以意识障碍与精神症状为突出表现。患者发作时突然与周围环境失去联系，进行一些无意识的动作，如咂嘴、吞咽、舔舌、摇晃、无目的且奇怪地活动四肢、发出无意义的声音等。意识模糊持续数分钟后，患者可以完全恢复正常，对发作无记忆。

(3)强直阵挛发作(大发作)。通常起源于脑部小范围的异常放电，放电很快扩散到邻近脑区引起全脑功能失调。特发性全面性发作的癫痫患者脑部异常放电范围广泛，一开始就引起广泛的功能丧失。表现为突然意识障碍，全身肌肉强直性收缩而跌倒在地，发出尖叫声，头转向一侧，牙关紧闭，口唇青紫，小便失禁。发作以后可有头痛、意识模糊、极度疲劳。患者对癫痫发作过程中发生的事一般没有记忆。

(4)失神发作(小发作)。大多始于儿童期，多见于5～14岁的儿童。突然意识丧失，停止原来的活动，中断谈话，双眼凝视，眼睑眨动或面肌抽动。全过程持续10～30秒，患者可以呼之不应，但不出现摔倒或抽搐。失神发作一停止，患者迅速恢复意识和对周围事物的知觉。

(5)癫痫持续状态。患者反复抽搐，发作间歇期意识也不能恢复。由于大脑广泛、持续地异常放电，导致肌肉剧烈收缩而惊厥，患者不能正常呼吸。此为癫痫最严重的状况，是临床急症，如处理不及时，患者心脏和大脑会因负荷过重而造成永久损害甚至死亡。突然停用抗癫痫药物是引起持续状态的重要原因。癫痫持续状态通常持续2～5分钟，发作停止后，患者可以出现头痛、肌痛、感觉异常、意识模糊、极度疲乏等，谓之发作后状态。患者对发作过程通常没有记忆。

3. 治疗 癫痫的治疗主要包括药物治疗、手术治疗、神经调控治疗等。

(八)肥胖症

肥胖症是指体内脂肪堆积过多和(或)分布异常，体重增加，是一种多因素的慢性代谢性疾病。遗传因素，高热量、高脂肪饮食，体力活动少是造成肥胖的主要原因。WHO已将肥胖定为一种疾病。无明显病因可寻者称为单纯性肥胖，具有明显病因者称为继发性肥胖。单纯性肥胖是肥胖症中最常见的一种，是多种严重危害健康的疾病(如糖尿病、冠心病、脑血管病、高血压、高脂血症等)的高危因子。因此，肥胖症的防治有着十分重要的临床意义。

当前，肥胖症的患病率上升很快。肥胖症常与2型糖尿病、高血压、血脂异常等集结出现。在美国,每 4 个成年人中就有 1 个肥胖者。据最近的估计,美国每年有 28 万人死于"过度营养",仅次于吸烟。

随着人们的生活方式发生变化,尤其是膳食结构的改变,肥胖问题日趋严峻,发病年龄也有低龄化趋势。长期持续肥胖者,糖尿病发病率明显增高,可高达普通人群的 4 倍之多。统计表明,糖尿病在体重正常人群中的发病率仅为 0.7%;体重超过正常值 20%,糖尿病发病率为 2%;体重超过正常值 50%,其发病率可高达 10%。中度肥胖者的糖尿病发病率约增加 4 倍,而极度肥胖者则增加 30 倍,糖尿病的危险性与肥胖持续时间、肥胖程度有关。而且,腹部型肥胖的人患糖尿病的危险性远远大于臀部型肥胖的人,腰围/臀围的比值与糖尿病的发病率成正比关系。肥胖症可损害患者的身心健康,使其生活质量下降、预期寿命缩短,肥胖症已逐渐成为重要的世界性健康问题之一。

1. 病因和发病机制　肥胖症是因身体摄入的热量超过消耗的热量引起的,在多种遗传与环境因素的共同作用下形成肥胖。

(1)遗传因素。肥胖症常呈家族聚集倾向,父母均肥胖,其子女发生肥胖的概率显著增加。

(2)环境因素。

①生活方式。如高热量、高脂肪饮食,进食次数增加,缺乏体力活动,工作和生活当中越来越广泛地应用节省体力的设备等。

②社会因素。如城市化、移民等。

③某些药物。如抗精神病药、糖皮质激素等可使体重增加。

2. 临床表现及并发症　肥胖症患者因体重增加,可引起活动能力降低、下腰部痛、关节痛、消化不良;在膈下和胸壁中堆积的过多脂肪组织压迫肺,出现呼吸困难和气急;肥胖者体表面积与体重相比相对较小,不能有效排出身体热量,易出汗;常出现足踝部的水肿;皮肤皱褶处易发生皮炎、溃疡,易并发化脓性或真菌感染。

按脂肪组织块的分布,肥胖症患者通常分为两种体型。中心性肥胖者的脂肪主要分布在腹部和腰部(腹部肥胖症),多见于男性,又称为苹果形肥胖者、男性型肥胖者;女性脂肪多堆积在下腹部、大腿和臀部(下体肥胖症),称为梨形肥胖者、女性型肥胖者。苹果形肥胖者发生代谢综合征的危险性大于梨形肥胖者。

肥胖症是高血压、冠心病、2 型糖尿病、血脂异常、睡眠呼吸暂停综合征、胆囊炎、胆石症、骨关节炎以及某些癌症的重要诱因。女性的乳腺癌、子宫内膜癌,男性的结肠癌、直肠癌和前列腺癌在肥胖者中更常见。胆囊癌和胆管癌在肥胖者中也较为常见。青少年肥胖者不孕不育症的发生率增加,女性肥胖者的月经病发生率较高,常伴多囊卵巢综合征并需手术治疗。

3.**诊断**　一般以体重超过理想体重 10% 为超重,超过 20% 为肥胖。近年来,主张用体重指数(BMI)作为衡量指标。

$$BMI = \frac{体重(kg)}{身高平方(m^2)}$$

通常以 BMI＝24 为判断中国成人是否超重的界限,BMI＝28 为判断是否肥胖的界限,男性腰围≥85 厘米、女性腰围≥80 厘米为腹部脂肪蓄积的界限。应注意肥胖症并非单纯体重增加,若体重增加是因为肌肉发达,则不视为肥胖症。

4.**防治**　预防肥胖较治疗易奏效且更重要,特别是有肥胖家族史者应从小注意。妇女产后及绝经期、男性中年以上或病后恢复期应预防肥胖,其方法是适当控制进食量,避免高糖、高脂肪及高热量饮食,经常进行体力劳动和锻炼。治疗肥胖以控制饮食及增加体力活动为主,使患者自觉地长期坚持,且不应依赖药物,以避免发生不良反应。每周减重 500～1000 克是适当的。

(1)行为治疗。其主要内容包括摄食行为和保持自尊等,使患者在"吃少一些"的同时感觉良好。

(2)饮食治疗。限制能量的摄入,使摄入量低于消耗量,以减轻体重。应注意,减肥并非简单地减轻体重,而是去除体内过多的脂肪,并防止其再积聚。

合理膳食包括改变膳食结构和食量。主张低能量、低脂肪、适量优质蛋白质、含复杂碳水化合物饮食,并摄入足够的新鲜蔬菜(400～500 克/天)和水果(100～200 克/天)。

(3)体育锻炼。体育锻炼应与饮食配合,并长期坚持,否则体重不易下降,或下降后又复上升。提倡进行有大肌肉群参与的有氧运动,鼓励多步行,减少静坐时间。

(4)药物治疗。减肥药是饮食、运动治疗的辅助手段,儿童、孕妇、乳母不宜用减肥药。

(5)手术治疗。手术治疗仅用于重度肥胖(BMI＞40,或 BMI＞35 并有严重并发症)。手术方式有吸脂、切脂和减少食物吸收的手术(如小胃手术)。

(6)继发性肥胖症应针对病因进行相应的治疗。

(九)贫血

贫血是指外周血单位体积血液中的血红蛋白(Hb)量、红细胞(RBC)计数低于人群正常值的下限。其中以血红蛋白量最为可靠,它也是临床上诊断贫血最常用的实验室指标。国内诊断贫血的标准定为:成年男性 Hb＜120 克/升,成年女性(非妊娠)Hb＜110 克/升,孕妇 Hb＜100 克/升。

1.**病因和发病机制**　贫血不是一种独立的疾病,而是一种临床表现。多种疾病均可引起贫血。贫血的原因包括失血、红细胞生成减少或破坏过多(溶血)。

(1)失血。失血是贫血最常见的原因,包括急性和慢性失血。突然大量失血会引起低血压和机体氧供应减少,导致心力衰竭、脑卒中或死亡。而身体某部位的慢性失血比突然出血更常见,如鼻出血、痔疮出血、消化道溃疡、大肠息肉或肿瘤等。其中结肠癌的慢性出血是不太明显的,这种出血称为隐血。其他失血的原因包括肾或膀胱肿瘤引起的血尿,以及月经过多等。

(2)红细胞生成减少。①造血干/祖细胞异常。如再生障碍性贫血、骨髓异常增生综合征等。②造血调节异常。如骨髓坏死、慢性肾功能不全、肝病、甲状腺功能低下等。③造血原料不足或利用障碍。红细胞的生成过程中需要许多营养物质,最关键的是铁、维生素 B_{12} 及叶酸。

(3)红细胞破坏过多。即溶血性贫血,是由红细胞自身异常或红细胞周围环境异常所致。

2. 临床表现　贫血可轻可重,症状也不同,亦可以无症状。皮肤黏膜苍白是贫血最常见的症状。严重贫血可造成组织缺氧,引起代偿性心跳和呼吸加快,进行体力活动时尤为明显。患者常有头痛、头晕、耳鸣、眩晕、倦怠、注意力不集中和记忆力减退等症状,可能是脑缺氧的表现。肌肉无力和易疲劳是肌肉组织缺氧的结果。感觉异常是恶性贫血的常见症状。贫血患者常有食欲不振、恶心、腹胀、腹部不适、便秘或腹泻等消化系统症状,有些是原发病的表现,有些是贫血的结果。育龄期女性可出现月经周期紊乱,月经量增多、减少或闭经。严重贫血者可有性功能减退。

3. 诊断和治疗　贫血只是一种症状,其诊断过程主要是查明引起贫血的原因。应详细了解病史,并进行全面而有序的体格检查。实验室检查能为贫血提供确切的诊断依据,它包括血常规、骨髓检查和贫血病因检查。

贫血性疾病的治疗分对症和对因两类。对症治疗目的是减轻重度血细胞减少对患者的致命影响,为对因治疗发挥作用赢得时间,包括:对重度贫血者、老年或心肺功能不全的贫血患者输红细胞,纠正贫血,改善体内缺氧状态;对急性大量失血患者,应及时输血或红细胞及血浆,迅速恢复血容量并纠正贫血;对贫血并发出血者,应根据出血机制的不同采用不同的止血治疗;对贫血并发感染者,应给予抗感染治疗。

贫血概论及
IDA 的中西医
结合治疗

对因治疗是针对贫血病因的治疗,如缺铁性贫血补铁及治疗导致缺铁的原发病,巨幼细胞贫血补充叶酸或维生素 B_{12},溶血性贫血采用糖皮质激素或脾切除术,肿瘤性贫采用化疗或放疗,免疫相关性贫血采用免疫抑制剂,各种继发性贫血治疗原发病等。

(十)癌症

身边的癌症患者越来越多。国家癌症中心的数据佐证,2015 年中国癌症新发病例数及死亡人数分别为 429.2 万例和 281.4 万例,相当于平均每天 1.2 万人新患癌症、7700 人死于癌症。癌症,是中国城市居民的头号杀手,在农村居民死因中也位居第二。2017 年,中国政府明确承诺,总体癌症的五年生存率要从 30.9%,到 2020 年提高 5%,至 2025 年提高 10%。这一目标也被写入了《中国防治慢性病中长期规划(2017—2025 年)》。常见而又严重威胁着人类生命健康的恶性肿瘤有肺癌、胃癌、食管癌、肠癌、肝癌、宫颈癌、乳腺癌、白血病、恶性淋巴瘤、鼻咽癌等十大肿瘤。

1.癌症的发生 癌症是指基因发生了突变,人体每一次的细胞分裂都有发生基因突变的可能,只不过概率极低,当受到射线照射、慢性炎症、遗传因素和病毒感染等刺激时,细胞可能出现致癌基因被激活、抑癌基因失活等变化,以致细胞发生癌变。癌症可生长于任何器官中的任何组织。当癌细胞生长和繁殖时,它们就形成一个侵犯邻近组织和能向全身播散(转移)的癌性肿块。对致癌物敏感的细胞和致癌物共同作用导致了癌症的发生。

2.危险因素及预防 许多遗传和环境因素增加了发生癌症的危险性。

(1)癌症的危险因素:

①家族史。一些家族对某种癌症有高危险性,乳腺癌、皮肤癌和结肠癌趋向在家族中常发生。有染色体异常的人患癌症的危险性增加。例如,患唐氏综合征(即先天愚型)的人发生急性白血病的危险性比正常人要高 12~20 倍。

②吸烟。吸烟是最重要的一个因素。吸烟确实提高了发生肺癌、口腔癌、喉癌、膀胱癌的危险性。

③过度暴露。主要指太阳光的紫外线可引起皮肤癌。长期接触电离辐射倾向发生血细胞癌症,包括急性白血病。

④膳食。膳食是另一个重要的癌症,尤其是消化系统的癌症的危险因素。高烟熏和腌制食品增加了患胃癌的机会;饮大量酒的人患食管癌的危险性更高。

⑤化学物质。已知很多化学物质可致癌,另有许多化学物质被怀疑致癌。例如,苯可导致白血病,长期接触石棉可导致肺癌和间皮瘤(胸膜癌)。接触石棉的吸烟者癌症发病率更高。

⑥地理差异。人们生活环境不同，患癌症的危险性及病种也不相同。

⑦病毒。有几种病毒对人致癌是肯定的，有一些被怀疑致癌。人乳头瘤病毒可能是妇女宫颈癌的一个病因。巨细胞病毒可引起卡波西肉瘤。乙型肝炎病毒可引起肝癌。在非洲，EB病毒引起伯基特淋巴瘤，在中国它引起鼻咽癌。人类免疫缺陷病毒引起淋巴瘤和其他血液系统癌症。

⑧年龄。年龄在发生癌症方面是一个重要因素。大多数癌症在老年人中更常见。

（2）癌症的预防。世界卫生组织称，40％的癌症是可预防的，且大部分患者如得到及时诊断和治疗，是可以被治愈的。预防癌症，要做好以下几个方面的工作：

①定期体检。对成年人定期进行全面的健康体检可以发现早期无症状的癌症，有效提高癌症的5年生存率，降低死亡率。

②保护环境，防止污染。对个体来说，最重要的是戒烟。同时，政府做好对废气、污水的管理、整治工作，以对公民健康负责。

③合理健康的膳食可有效预防胃肠系统癌症。主张高纤维膳食，荤素搭配，少食烟熏、腌制食品。

④个人防护。注意夏日防晒。在工作中不可避免地接触化学致癌物及可疑化学致癌物的工作人员、从事放射工作的人员，应做好防护措施。

⑤随访并治疗癌前病变、致癌性病毒感染。

⑥培养和调动自身的抗癌能力。机体内在因素在肿瘤的发生上起着重要的作用。为维护机体内环境的稳定与平衡，我们应注意培养乐观向上的精神，保持心理健康；增强防癌抗癌意识，加强身体锻炼；注意个人防护和保健，劳逸结合，提高自身的免疫功能和抗病能力。

二、外科类别

（一）急性阑尾炎

阑尾是位于盲肠末端的一个细管状器官，多位于右下腹部（图2-8）。阑尾炎是常见病，任何年龄、性别都可能发病。急性阑尾炎是急腹症之一，若治疗不及时或不恰当可发生腹膜炎，甚至危及生命。阑尾穿孔也可引起腹腔内脓肿的形成。若是女性患者，可引起卵巢和输卵管的继发感染，导致输卵管阻塞而造成不孕。

1.**病因**　引起阑尾炎的主要原因是阑尾发生梗阻（堵塞）。引起阑尾梗阻的

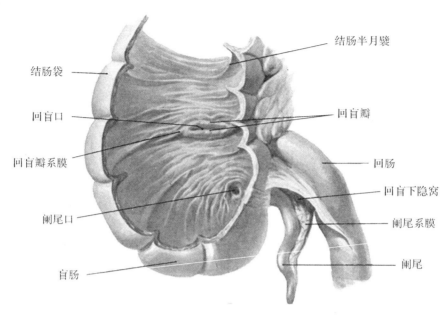

结肠袋
结肠半月襞
回盲口
回盲瓣
回盲瓣系膜
回肠
回盲下隐窝
阑尾口
阑尾系膜
盲肠
阑尾

图 2-8　阑尾和盲肠

主要原因有：①阑尾腔内异物，如粪块、小果核、蛔虫等；②阑尾腔狭窄，如以前患过急性阑尾炎，用药治愈后，阑尾壁瘢痕使阑尾壁增厚，同时也能减弱阑尾的蠕动功能；③阑尾壁上的淋巴组织肿大、阑尾肿瘤等也可以导致梗阻。阑尾腔内有许多细菌，发生梗阻后容易引起发炎，形成血栓堵塞血管，产生坏死、感染而发病。炎症向外发展导致阑尾穿孔，穿入腹腔内就会化脓，引起腹膜炎。如果炎症扩散，有可能引起肝脓肿等更为严重的并发症而威胁生命。

2.临床表现

（1）腹痛。急性阑尾炎的典型腹痛是转移性右下腹痛。开始时往往是上腹痛（"心口"痛），与胃病（或是肚脐周疼痛）相似。一段时间后腹痛转移到右下腹部，相对固定于下腹部。由于各人的阑尾位置不尽相同，所以痛点也会稍有差异。也有开始即为右下腹疼痛的急性阑尾炎患者。腹痛转移的时间各人不同，快则 2～3 小时，慢则 1 天或更长时间。

（2）恶心、呕吐。由于阑尾受到炎症刺激而活动增强，常引起胃肠道反应而出现恶心、呕吐。多在腹痛数小时后出现，呕吐次数较少。

（3）发热。腹痛早期不会发热，当炎症明显加重时体温升高。

（4）压痛、反跳痛及肌紧张。早期腹部可无任何异常，在炎症明显时可出现。

①压痛。多在右下腹(视阑尾所在部位而定)。用手按压时感觉疼痛,按压后突然把手松开,患者亦有疼痛感,医学上叫作"反跳痛"。阑尾穿孔后全腹腔都有炎症时则全腹都有压痛、反跳痛,但仍以阑尾部位最明显。②肌紧张。当阑尾炎症发展到表面时,炎症刺激腹壁使腹壁肌肉紧张,即与对侧比较此处腹壁摸上去感觉较硬。如果阑尾已经穿孔导致全腹部炎症时则全腹都有肌紧张,但仍以阑尾部位最明显。

(5)实验室检查。多数患者呈白细胞及中性粒细胞增高。但白细胞计数上升不明显者并不能否定急性阑尾炎的存在。尿液检查一般正常,但盲肠后位阑尾炎可刺激右侧输尿管,尿液中可含少量的红细胞及白细胞。

3.诊断与治疗 急性阑尾炎一般根据病史、体征、实验室检查就可诊断,有时可结合 B 超检查,诊断基本就能确立。需要和急性阑尾炎鉴别的疾病包括其他脏器病变引起的急性腹痛以及一些非外科急腹症,常见的有胃和十二指肠溃疡穿孔、右侧输尿管结石、妇产科疾病(异位妊娠、黄体破裂、卵巢囊肿蒂扭转、急性输卵管炎及急性盆腔炎等)、急性肠系膜淋巴结炎等。

急性阑尾炎诊断明确后,如无手术禁忌证都应及早行阑尾切除术。有时为了明确患者腹痛的原因而耽误手术时机是相当危险的,因为阑尾在症状开始后24 小时内就有可能发生穿孔。阑尾炎只要早期进行手术治疗,病死率是很低的,通常在术后 1 周即可康复。

4.注意事项

(1)腹痛在没有明确诊断之前不可随便用止痛药,以防掩盖病情,延误诊断。

(2)急性阑尾炎应及时送医院就治。

(3)根据目前的医疗水平及技术条件,急性阑尾炎手术治疗效果较好、治疗彻底,为主要治疗方法。

(4)非手术治疗者(保守治疗)容易再次发作,故用药应彻底,在症状消失后仍应用药 1 周,以巩固疗效,减少复发。

(5)住院治疗应听从医生安排,陪护人员应配合医护人员做好患者的工作。

(6)阑尾炎的体征变化大,表现多不典型。腹痛患者应及时去医院就诊,以免延误诊断和治疗。

(二)尿路结石

尿路结石(图 2-9)是尿路任何部位形成的坚硬如石样团块,可以引起疼痛、出血、尿流梗阻或感染,在青年学生中较多见。结石形成可因尿中能形成结石的盐类过度饱和或因尿缺乏结石形成的正常抑制物。大约 80% 的结石含钙,以及各种物质,如尿酸、胱氨酸和磷酸镁铵。磷酸镁铵结石是镁、铵和磷酸盐的混合物,也称为感染性结石,因其仅在感染性尿中形成。

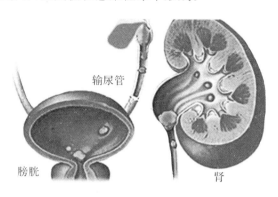

图 2-9　尿路结石

1.**症状及体征**　微小结石可无任何症状。膀胱结石可引起下腹疼痛,梗阻输尿管、肾盂、尿道的结石都可引起背痛或严重的绞痛(肾绞痛)。肾绞痛的特点为剧烈的间歇性疼痛,通常位于肋部,常沿腹部放射至生殖区和大腿内侧。其他症状包括恶心、呕吐、腹胀、寒战、发热和血尿。

结石可引起尿路感染。结石阻碍尿流动时,细菌则停留于梗阻部位以上的尿路中,从而导致感染。结石长期堵塞尿路时,尿反流入肾内小管,导致肾盂积水,最终损害肾脏。

引起疼痛的结石通常可根据肾绞痛伴有不明原因的腰部和腹股沟区触痛或生殖区疼痛来诊断。尿的显微镜分析可提示血尿以及小结石晶体。B 超、腹部X 线检查、静脉肾盂造影检查可发现结石的位置和梗阻情况。

2.**治疗**　未引起症状、梗阻或感染的小结石通常不需治疗。大量饮水增加尿量有助于冲刷出某些小结石;一旦结石排出,则不需其他紧急处理。麻醉性镇痛剂可缓解肾绞痛。通常情况下,直径小于 1.5cm 或更小的肾盂或输尿管上段的结石可用超声波将其碎裂(体外冲击波碎石术),继之结石碎片随尿排出;有时可经皮肤切口去除结石(经皮肾镜取石术),然后辅以超声波治疗。输尿管下段的小结石可用内镜(一种小型柔软的内腔镜)插入尿道,经膀胱去除。尿酸结石有时可通过碱化尿液(如口服枸橼酸钾)而被逐渐溶解,但其他类型的结石用这种方法无效。非常罕见引起梗阻的较大结石需手术去除。

3.**预防**

(1)大多数含钙结石的患者有高钙尿症,尿中有过多的钙排出。噻嗪类利尿剂,如氢氯噻嗪可减少这些患者新结石的形成。鼓励患者大量饮水,每日2000～3000毫升。进食低钙膳食及服用磷酸纤维素钠有一定帮助。

(2)含钙结石的患者有可能由其他疾病所引起,如甲状旁腺功能亢进症、结节病、维生素D中毒、肾小管酸中毒或癌症等,因此应注意治疗基础疾病。

(3)口服枸橼酸钾可提高患者较低的尿枸橼酸浓度。枸橼酸是一种能抑制钙石形成的物质。

(4)进食过多富含钙盐的食物,如菠菜、可可、坚果、胡椒和茶叶,或因胃肠道疾病,可致尿中含高浓度的钙盐,易形成钙石。膳食的改变可能有助于基础疾病的治疗。

(5)尿酸结石的患者应少吃肉、鱼及家禽类食品,因为这类食品可增加尿酸水平。可给予患者别嘌呤醇以减少尿酸生成,因为尿酸度增加时易形成尿酸结石,也可以枸橼酸钾碱化尿液。

(三)外科感染

外科感染一般是指需要手术治疗的感染性疾病和发生在创伤或手术后的感染,分为特异性感染与非特异性感染两类。特异性感染,如破伤风、气性坏疽等,分别由破伤风杆菌或气性坏疽杆菌等引起。非特异性感染,如疖、痈、蜂窝织炎、丹毒等均为化脓性感染,致病菌为葡萄球菌、链球菌、大肠杆菌和绿脓杆菌等。当局部组织损伤时,上述病菌从伤口侵入,人体即产生防御反应,局部血管扩张、充血,白细胞和血清渗出,吞噬、包围刺激物;若反应较剧烈,局部组织常因细菌毒素的作用而坏死、液化,成为脓液,内含坏死组织及白细胞。感染具有红、肿、热、痛、功能障碍等五个典型的局部症状,当感染较重时常出现发热、头痛、全身不适、乏力、食欲减退等全身症状,血常规检查显示白细胞总数、中性粒细胞数均升高。

1. **疖和痈** 疖是单个毛囊及皮脂腺内的急性化脓性感染,可扩散至邻近的皮下组织,致病菌为金黄色葡萄球菌。最初局部皮肤仅呈现红色小点,以后逐渐增大,有疼痛的感觉,数日后肿块中央出现黄色脓头,经排脓及消炎处理后,炎症能及时控制且很快痊愈。面部,特别是在"危险三角区"(上唇和鼻部周围)的疖,若被挤压或挑刺,感染容易沿内眦静脉和眼静脉进入颅内的海绵状静脉窦,引起化脓性海绵状静脉窦炎,出现延及眼部及其周围组织的进行性红肿、硬结和疼痛,病情重者出现寒战、高热甚至昏迷等症状,死亡率很高。

痈是多个毛囊、皮脂腺或汗腺的急性化脓性感染,亦可由多个疖集合而成,致病菌多数为金黄色葡萄球菌。局部皮肤出现灼热刺痛感,质硬,伴畏寒、发热及头痛等全身症状。痈形成后需手术切开引流，去除坏死组织等治疗。

2. 蜂窝织炎　蜂窝织炎是病菌侵入皮下、筋膜下肌间隙或深部疏松结缔组织的急性弥漫性化脓性感染，致病菌多为溶血性链球菌和金黄色葡萄球菌。其致病力强，范围广，能使局部组织坏死，有出现败血症的可能，应及时做多处切开引流和清除坏死组织、抗菌及补充营养等治疗。

3. 丹毒　丹毒是由溶血性链球菌引起的皮肤及其网状淋巴管内的急性感染，俗称"流火"，一般应用浓度 50% 硫酸镁湿敷和抗生素治疗。

4. 破伤风　破伤风是因破伤风杆菌侵入伤口后产生毒素而引起的急性感染。破伤风杆菌本身并不致病，它在泥土和人畜大便中广泛存在，生命力很顽强，在缺氧的环境中才能繁殖。它可通过伤口、开放性骨折、木刺或锈钉刺伤而侵入人体。破伤风一般在伤口外口较小、伤口内有坏死组织或血块充塞、局部缺血等情况下会发生。破伤风一般在伤后 6～10 天发病，也有在伤后 24 小时即发病，或数周后才发病的。发病时间越短，症状越严重，患者的危险性也就越大。初起有乏力、头晕、烦躁不安、打哈欠等前驱症状。接着可出现：面部肌肉痉挛，表现为张口困难、牙关紧闭及"苦笑"面容；背部肌肉痉挛，表现为"角弓反张"；如发生呼吸肌痉挛，可造成呼吸停止，患者窒息死亡。这种全身肌肉痉挛持续数分钟不等，反复发作，任何轻微的刺激如光线、声响、说话、吹风均可诱发。破伤风的病死率很高，关键在于预防。

当创伤发生后，应该根据伤口的大小、深浅、污染程度和主动免疫情况，分别采取以下预防措施：

（1）如果伤口表浅，无异物或坏死组织，全程免疫和加强免疫未超过 3 年者，不必再采取预防措施。

（2）伤口大、深且被污染、有异物或有坏死组织时，全程免疫已超过 10 年和加强免疫已超过 3 年者，或接种史不明者，应注射 250～500 国际单位的破伤风免疫球蛋白或 1500～3000 国际单位的马血清破伤风抗毒素（TAT）。

5. 真菌感染　真菌通常滋生在皮肤较潮湿的表面，如足趾之间、腹股沟和乳房下。肥胖者皮肤皱褶多，更易发生真菌感染。

（1）足癣。足癣是一种常见的真菌感染，常在温暖季节发生。通常由毛癣菌或表皮癣菌引起。真菌在温暖潮湿的足趾间生长，可只有轻微鳞屑无其他症状，也可引起严重瘙痒、脱屑、浸渍、糜烂，或形成充满液体的水疱。由于足癣可引起皮肤破损，导致细菌感染，特别是老年人和下肢血液循环差的人，皮损可发展到足跟和所有足趾。

（2）股癣。股癣可由多种真菌和酵母菌引起。患者中，男性比女性常见，多发生在温暖季节。感染后在腹股沟附近出现红色圆形皮损,有时有小水疱,并可向上和向大腿内侧扩散,自觉奇痒甚至疼痛。因为真菌可长期在皮肤上存在,该病常常复发,即使治愈也可能再次感染。

(3)甲癣。甲癣常由毛癣菌属感染引起。真菌进入指甲新生部位,使指甲肥厚、失去光泽、变形。足趾甲感染比手指甲感染更常见。感染趾甲可与足趾分离、碎裂或脱落。

(4)体癣。体癣由毛癣菌属感染引起。常出现粉红色或红色丘疹,形成环形斑,中心皮肤正常。体癣可发生在身体任何部位的皮肤。

(5)花斑癣。花斑癣又称汗斑,是由花斑癣菌引起的。表现为黄豆大小的圆形斑疹,略带灰色,好发于颈、胸、背部,其病情夏天重、冬天轻。

真菌治疗除头癣和甲癣外,大多数真菌感染症状都较轻微,常用抗真菌霜咪康唑、克霉唑、伊曲康唑和酮康唑等治疗。很多抗真菌霜剂为非处方药,在药店即可买到。霜剂每天涂敷 2 次,治疗持续到皮损消退后 7～10 天。严重的或顽固性感染可用口服抗真菌药物伊曲康唑等治疗。保持感染部位清洁、干燥有助于抑制真菌繁殖,促进皮肤愈合。

(四)关节损伤和骨折

1.腕管综合征　腕管综合征俗称"鼠标手",长期使用电脑键盘和鼠标,腕关节长期、密集、反复和过度活动,导致正中神经在腕管内受压,使神经传导被阻断,从而造成手指的感觉与运动发生障碍,出现食指或中指疼痛、麻木和拇指肌肉无力感,进而引起手部肌肉萎缩。另外,肘部经常低于手腕,而手高高地抬着,神经和肌腱经常被压迫,手就会开始发麻,手指失去灵活性,出现关节疼痛。手指频繁地用力,造成腕管内的肌腱过度劳损、水肿,加重正中神经的压迫。女性由于解剖因素及激素水平的影响,发生"鼠标手"较男性为多。

在使用电脑过程中应尽量调整好电脑桌上的键盘和鼠标的高度,避免上肢长时间处于固定、机械而频繁活动的工作状态。使用鼠标时,手臂不要悬空,以减轻手腕的压力,移动鼠标时不要用腕力而尽量靠臂力。避免用力击打键盘及鼠标的按键,用力以轻松适中为好。应尽量选用弧度大、接触面宽的鼠标,配合使用鼠标腕垫,有助于力的分散。使用鼠标或打字时,每工作 1 小时就要休息一会,放松一下四肢和手指关节,减少操作电脑时对手腕的腱鞘等部位的损伤。

2.颈、肩、腰部关节损伤

(1)病因及临床表现。人体对长期、反复、持续的姿势或职业动作在局部产生的应力是以组织的肥大、增生为代偿的,超越代偿能力即形成损伤,累积而成慢性损伤。当人体有慢性病变时,对应力的适应能力降低;局部有畸形时,可增加局部应力;在工作中注意力不集中、技术不熟练、姿势不准确或疲劳等,均可使应力集中,这些都是慢性损伤的病因。因此伏案工作者好发本类疾病。慢性损伤虽可发生在多种组织及器官,但临床表现却常有以下共性:

①躯干或肢体某部位长期疼痛,但无明显外伤史。

②特定部位有一压痛点或包块,常伴有某种特殊的体征。

③局部炎症不明显。

④近期有与疼痛部位相关的过度活动史。

⑤部分患者可能有产生慢性损伤的职业、工种史。

(2)预防要点。这种慢性损伤是可以预防的,应预防其发生和复发,并防治结合,以增加疗效。

①上半身应保持颈部直立,使头部获得支撑,两肩自然下垂,上臂贴近身体,手肘弯曲呈 90 度。操作键盘或鼠标时尽量使手腕保持水平姿势,手掌中线与前臂中线应保持一直线。下半身腰部挺直,膝盖自然弯曲呈 90 度,并维持双脚着地的坐姿。

②必须选择符合人体工学设计的桌椅,使用专用的电脑椅。坐姿要遵循"四个直角"的原则:电脑桌下膝盖处形成第一个直角,大腿和后背形成第二个直角,手臂在肘关节处形成第三个直角,座椅和背形成第四个直角。肩胛骨靠在椅背上,双肩放下,下巴不要靠近脖子。两眼平视电脑屏幕中央,座椅最好有支持性椅背及扶手,并能调整高度。

③电脑的摆放高度要合适。将电脑屏幕中心位置安装在与操作者胸部同一水平线上,最好使用可以调节高低的椅子。应给双脚留有足够的空间,膝盖自然弯曲呈 90 度,并维持双脚着地。

④使用电脑每隔 1 小时应休息一会,活动一下肩、颈、上肢等部位,增加柔软度及肌力。眼睛与电脑显示器应保持恰当的距离,形成轻度向下注视屏幕的角度,这样可使颈部肌肉得到放松。

⑤运动疗法。如游泳,因为游泳的时候头总是向上抬,颈部肌肉和腰肌都得到锻炼,而且人在水中没有任何负担,也不会对椎间盘造成任何的损伤,算得上是比较惬意的锻炼颈椎的方式。另外也可采用放风筝的方式,放风筝时,抬头挺胸,活动颈部,可保持颈椎、脊柱的肌张力,保持韧带的弹性和脊椎关节的灵活性,有利于增强骨质代谢,增强颈椎、脊柱的代偿功能,既不损伤椎体,又可预防椎骨和韧带的退化。

3.**骨折**　骨折是指骨的连续性和完整性发生中断。

(1)临床表现:局部肿胀、压痛、活动受限。

(2)骨折特有体征:畸形、反常活动、骨擦音或骨擦感(骨折断端之间相互摩擦发出的轻微声音)

(3)治疗方法:止血、包扎,关节限制活动。X线诊断明确后,行复位、固定制动(石膏、夹板、绷带、外固定支架)。根据骨折错位情况,可行手术切开复位内固定植入术等。

(五)痤疮

痤疮俗称青春痘、粉刺,在青少年中发病率最高。痤疮与雄激素、皮脂腺和毛囊内微生物密切相关,遗传、饮食、胃肠功能、环境因素、化妆品及精神因素亦与发病有关。

1.**临床表现**　青春痘是一种毛囊和皮脂腺的慢性炎症,多发于颜面和胸背部,表现为黑头粉刺、丘疹、脓疮、结节、囊肿及瘢痕等多种皮损,有碍容颜。

2.**诊疗措施**　痤疮治疗的目的是减少皮脂分泌,清除炎症,防止囊肿形成。常用抗生素类、硫黄水杨酸类、维A酸类和过氧化苯甲酰等药物杀菌、去脂;局部用特制的粉刺挤压器去除粉刺;用温水、含硫黄或其他去脂消炎的香皂洗涤患处等。

3.**注意事项**　少吃动物性脂肪、甜食和刺激性食物;避免长期使用油脂类化妆品和皮质类固醇激素;勿用手抠或挤压粉刺等。

(六)湿疹

湿疹是一种迟发型变态反应的炎症性皮肤病,常发生于过敏体质的个体。各种致敏物质,如食物中的蛋白质,尤其是鱼、虾、动物皮革及羽毛、肠道中的寄生虫、感染灶等均可引起湿疹,有的甚至连日光、寒冷等物理刺激也可诱发。湿疹的发生有时还与神经功能障碍、内分泌失调、消化不良、肠道疾病、新陈代谢异常等有关。

1.**临床表现**　湿疹的临床症状变化多端,根据发病过程中的皮损表现不同,湿疹可分为急性、亚急性和慢性三种类型。急性湿疹的损害为多形性,初期为红斑,自觉灼热、瘙痒;继之在红斑上出现散在或密集的丘疹或小水疱,搔抓、摩擦破溃后,形成糜烂、渗液面;日久或治疗后急性炎症减轻,皮损干燥、结痂、脱屑而进入亚急性期。

2.**诊疗措施**　湿疹的临床特点为多形性皮疹伴渗出,呈对称分布,自觉剧烈瘙痒,病情易反复,可多年不愈。目前对湿疹尚无特效疗法,多采用对症治疗。

可服用抗组胺药物治疗,如西替利嗪、氯雷他定等。外用药剂型依据皮损表现而定:红肿明显、渗出多者应选冷、湿敷、红斑、丘疹者用洗剂、乳剂、泥膏、油剂等;水疱、糜烂者用油剂;鳞屑、结痂者用软膏;呈"苔藓"样变者多用泥膏、软膏、乳剂、涂膜剂、酊剂及硬膏等。

(七)荨麻疹

荨麻疹的皮疹表现与人接触植物"荨麻"所发生的皮损雷同,故称此皮肤病为荨麻疹。民间百姓称其为风疹块。该病特征是全身泛发风团,皮疹来去迅速,消退不留痕迹,自觉瘙痒。荨麻疹大多数患者原因难觅,常见原因有:食物(以蛋白质如鱼类、虾、甲壳类、蛋类、牛奶、肉等常见)、药物(以青霉素、呋喃唑酮、阿司匹林等居多)、感染(细菌、病毒、原虫、蠕虫、真菌等病原微生物感染与荨麻疹发病有关)、花粉及精神因素、物理因素、全身性疾病、遗传因素等。

1. 临床表现　荨麻疹可发生在身体的任何部位,有时口腔、咽喉及胃肠黏膜也可受累。本病在皮疹出现之前往往先有局部剧痒,随后发生风团。皮疹大小不一,形状各异;色泽红色、淡红色或常色;骤起骤没,此起彼伏;皮疹一般24小时内则可消退,愈后不遗留痕迹;偶见水疱或血疱损害。自觉奇痒难耐,常因剧烈搔抓在病变外留下血痂和抓痕。部分患者伴发热、食欲不振、疲乏等全身症状。皮肤划痕试验呈阳性反应。本病易复发,病程在1个月内称为急性荨麻疹,病程持续1个月以上谓之慢性荨麻疹。

2. 诊疗措施

(1)对因治疗。尽量除去可疑病因,可采用过敏原试验寻找致病源。

(2)药物疗法。①急性荨麻疹:抗组胺类药品为首选药物。同时,配用钙剂、氨茶碱等可迅速起效。病情急时可考虑皮质类固醇激素口服或静滴。②慢性荨麻疹:除用抗组胺类药外,可使用氨茶碱、维生素 K、维生素 E、维生素 B_{12} 等1~2种药品,普鲁卡因局部封闭也有效。慢性荨麻疹需耐心服药并规则地递减药量,顽固者1~2年可望痊愈。

(八)视屏终端综合征

长时间操作电脑后,许多人出现眼部干涩、灼痛、视朦、头痛、肩酸背痛及精神疲倦等一系列症候群,称之为视屏终端(VDT)综合征。

预防 VDT 综合征要注意以下几点:

(1)注意用眼卫生。操作中常远眺、眨眼、闭目。避免长时间连续操作电脑,通常操作1小时,休息5~10分钟,每次操作不超过4小时。

(2)保持良好的工作姿势。保持最适当姿势,双眼平视或轻度向下注视屏幕。这样可使眼睛暴露于空气中的面积减少到最低,以免眼干燥。

(3)眼睛和电脑屏幕的距离要保持 60 厘米以上,周围环境光线要柔和;电脑屏幕的亮度要适当,清晰度要好,避免光线直接照射在屏幕上。

(4)不可乱用抗生素、激素类眼药水,应经常点人工泪液,增加眨眼活动。

(5)注意补充营养。在电脑屏幕前工作时间过长,视网膜上的视紫红质会被消耗,而视紫红质主要由维生素 A 合成,因此要多吃胡萝卜、牛奶、鸡蛋等。

(6)如果出现眼睛干涩、视物模糊、头痛、眼痛等症状,应到医院眼科就诊。

(九)复发性口腔溃疡

复发性口腔溃疡专指一类原因不明,反复发作,但又有自限性的、孤立的、圆形或椭圆形溃疡。发病时在黏膜浅层有一个或多个溃疡,受食物刺激或讲话时有局部灼痛。病程有自限性,一般 7～10 天可自愈。

复发性口腔溃疡发病率约为 20%,具有周期性复发的特点。可能与病毒感染、变态反应、内分泌代谢障碍、胃肠功能紊乱、过度疲劳等有关。发病时常伴有精神紧张、失眠、便秘、月经周期紊乱,以中青年人、女性多见。

一般采用局部对症治疗。临床上根据溃疡的大小、深浅及数目不同,复发性口腔溃疡可分为复发性轻型口腔溃疡、复发性口炎型溃疡及复发性坏死性黏膜腺周围炎。

(十)智齿冠周炎

智齿(第三恒磨牙)牙冠周围的软组织炎症称为智齿冠周炎,常发生于 18～25 岁的青年。

1.临床表现　主要为牙冠周围软组织肿胀疼痛,如炎症影响咀嚼肌,可引起不同程度的张口受限;如波及咽侧壁则出现吞咽疼痛,导致咀嚼、进食及吞咽困难。病情严重者尚可有全身不适、头痛、体温上升、食欲减退等全身症状。

2.病因　由于人类食物日趋精细,致使咀嚼功能减退,颌骨逐渐缩小,造成牙列与颌骨的长度不协调。智齿是牙列中最后萌出的牙,因萌出位置不足,可导致智齿萌出不全而异位或阻生,牙冠部分外露于牙龈,部分被牙龈覆盖。牙龈与牙体之间形成一个狭窄较深的盲袋,容易积存食物碎屑和滋生细菌,一般刷牙漱口难以清洗干净,加之冠部牙龈易因咀嚼食物而损伤,形成溃疡,当全身抵抗力下降、细菌毒力增强时,便可引起牙冠周围组织炎症。

3.阻生智齿的危害

(1)阻生的智齿出现冠周炎是必然的。一般的消炎治疗治标不治本,因此会反复发作。

（2）位置不正的智齿与第二恒磨牙之间容易积存食物残渣，而且不易清洁，可使第二恒磨牙形成龋齿，直接破坏了正常牙齿的健康。

（3）阻生的智齿往往不能与对颌牙齿建立正常的咬合关系，长时间可致下前牙拥挤、颞下颌关节弹响、夜磨牙等症状，对青壮年的身心健康影响较大。

4. 防治　对于位置正常的智齿，在萌出期注意口腔卫生。阻生智齿因对咀嚼、语言等功能无帮助，因此建议尽早、果断地拔除。

第四节　合理用药

一、药物基本知识

药物是指用于防治及诊断疾病的物质。从理论上说，凡能影响机体器官生理功能及（或）细胞代谢活动的化学物质都属于药物范畴。药物规定有适应证、用法和用量，包括中药材、中药饮片、中成药、化学原料药及其制剂、抗生素、生物制品、放射药品、血清疫苗、血液制品和诊断药品等。药物可以防病治病，但大多数药品又有不同程度的不良反应，有的药品本身就是从毒物发展而来的，两者只有量的差异。

（一）药物的来源

药物的来源有两个：一是自然界，二是人工制备（包括仿生药物）。来自自然界的药物为天然药物，包括中药及一部分西药；来自人工制备的药物为化学药物，包括大部分西药。天然药物，特别是中药，大多已经过长期的临床使用，其疗效多已肯定，使用安全性较高，但起效较慢；相比之下，化学药物疗效显著而且迅速，但某些品种毒副作用较大，其潜在的不安全性还需要较长期使用后才能发现。人们认为使用中药比西药的毒副作用要小，相对比较安全，这并不正确。中药中也有剧毒药，若服用不当，同样会引起严重后果。

（二）处方药及非处方药

依照《中华人民共和国药品管理法》规定，药物分为两类：处方药及非处方药。处方药指那些考虑到医疗安全只能在医疗监护下使用的药物，必须由执业医师出具书面处方，如抗生素、精神用药、麻醉药品等。非处方药（OTC）指那些不用医疗监护即具相当安全性的药物，可在无处方情况下由药店直接出售。

(三)药物的不良反应

凡是不符合用药目的并为患者带来不适或痛苦的有害反应统称为药物不良反应。多数不良反应是药物的固有效应,在一般情况下是可以预知的,但不一定是可以避免的。

1.副作用 副作用是指药物在使用治疗剂量时引起的与治疗目的无关的作用。如用阿托品治疗胃肠道痉挛时,患者同时出现的口干、视力模糊、便秘等反应。

2.毒性反应 毒性反应是指在剂量过大或药物在体内蓄积过多时发生的危害性反应。毒性反应的性质因药物的不同而各异,但其严重程度是随剂量增加而增加的。致癌、致畸、致突变反应也属于慢性毒性反应范畴。企图增加剂量或延长疗程以达到治疗目的是有限度的,过量用药是十分危险的。

3.过敏反应 过敏反应是指少数致敏患者对某种药物的特殊反应。致敏原可能是药物本身,或药物在体内的代谢物,也可能是药物制剂中的杂质,它们与体内蛋白质结合而引起过敏。这种反应与药物剂量无关,反应性质因人而异,预测性小。如青霉素引起的过敏性休克等。

4.继发反应 继发反应是指继发于药物治疗作用的一种反应,是药物发挥治疗作用的不良后果。如长期应用头孢菌素类广谱抗生素时,可造成肠道菌群失调,继发真菌感染。

5.后遗效应 后遗效应是指停药以后血药浓度已降至有效水平以下时残存的药物效应。如服用巴比妥类催眠药后,次晨出现的乏力、困倦现象。

6.停药反应 停药反应是指突然停药后使原有的疾病加剧,故又称回跃反应。如长期服用可乐定降血压,停药次日血压将激烈回升。

7.特异质反应 少数特异质患者对某些药物反应特别敏感,反应性质也可能与常人不同,这是一类先天遗传异常所致的反应。

8.依赖性 依赖性是指某种药物反复足量应用后使机体产生一种精神或行为的反应,此时一旦停药就会产生痛苦,从而使患者强制地连续或周期性要求应用这些药物来避免停药时的不适。

(四)药物的给药途径

给药途径有口服、注射、局部用药等几种。口服给药是最常用的给药途径,缺点是吸收较慢,欠完全,不适用于对胃刺激性大的药物,也不适用于昏迷患者及婴儿。注射分静脉注射(静注)、肌肉注射(肌注)和皮下注射(皮下),特点是作用迅速、吸收完全。局部用药主要指喷雾、含漱、灌肠、贴皮、涂、搽等。每种给药途径均有其特殊目的,各有利弊。不同的给药途径药物的吸收速度不同,从而影响药物作用的快慢和强弱。一般规律是:静注＞(快于)吸入＞肌注＞皮下＞口服＞灌肠＞贴皮。

(五)合理用药

从理论上说,合理用药就是要求充分发挥药物的疗效而避免或减少可能发生的不良反应。其具体原则包括:

(1)明确诊断,针对适应证的同时还要考虑禁忌证。

(2)根据药理学特点选药。

(3)用药个体化。

(4)对因、对症治疗并重。

(5)用药后严密观察病情,及时调整剂量或更换治疗药物。

(六)常见的不合理用药

1.抗生素 抗生素的不合理使用现象目前仍比较广泛而且比较严重。一般伤风感冒,有人也用抗生素,这不仅是一种浪费,而且可引起不良反应,产生耐药性,增加并发症,延长病程。因为70%～80%感冒是由病毒引起的,而抗生素对病毒无效。

2.解热镇痛药 由于解热镇痛药大多属非处方药,人们可以直接从药店购买,故不合理使用现象比较普遍。复方阿司匹林与索米痛片均含非那西丁,长期服用含非那西丁的制剂,可引起肾髓质坏死、间质性肾炎等。

3.中药 "是药三分毒",完全无毒性的药物是很少的,中药也不例外。例如,六神丸服用不当也会中毒;云南白药服用过量,可引起面色苍白、头晕、恶心、呕吐等症状,严重者可出现急性肾衰竭。

4.补药 补药是补充维生素及其他营养物质(如氨基酸、葡萄糖、微量元素等)、补血药或某些中药补益药(如人参)的统称。正常情况下,多数营养物质(如维生素等),人体每日的需求量并不大,一般从膳食中即可得到充分供应,不必再额外补充;只有儿童、孕妇、吸收障碍的患者才需要适当补充。成人若一次服维生素A超过50万单位,就可能引起急性维生素A中毒。著名的滋补药人参在长期服用后,一些人会出现失眠、易激动等现象,需药效过后才能好转。

二、抗生素的合理使用

合理使用抗生素的临床药理概念为安全有效使用抗生素,即在安全的前提下确保有效,这就是合理使用抗生素的基本原则。正常情况下,大多数新启用的抗生素在若干年内都会因病菌产生耐药性而失去原有效力，然而不正确的使用，更加重了耐药细菌的急剧增长。由于抗生素在临床上应用量大、品种多、更新快，各类药品之间相互关系复杂，联合用药日趋增多，预防用药日趋广泛，因此临床上抗菌药物的不良反应发生率及耐药性仍呈现逐年上升势头。合理使用抗生素需具体病人具体分析，制定出个体化的治疗方案。合理选用与合理用药是合理使用抗生素的两个至关重要的原则。

(一)抗生素的毒性反应

抗生素的毒性反应临床较多见，如及时停药可缓解和恢复，但亦可造成严重后果。抗生素的毒性反应主要有以下几方面：

1.神经系统毒性反应 氨基糖苷类抗生素损害第八对脑神经，可引起耳鸣、眩晕、耳聋；大剂量青霉素或半合成青霉素可引起神经肌肉阻滞，表现为呼吸抑制甚至呼吸骤停；氯霉素、环丝氨酸，可引起精神病反应等。

2.造血系统毒性反应 氯霉素可引起再障性贫血；氯霉素、氨苄西林、链霉素、新生霉素等有时可引起粒细胞缺乏症；庆大霉素、卡那霉素、先锋霉素Ⅳ、先锋霉素Ⅴ、先锋霉素Ⅵ可引起白细胞减少。

3.肝、肾毒性反应 妥布霉素偶可致转氨酶升高，多数头孢菌素类大剂量可致转氨酶、碱性磷酸酯酶Ⅰ和Ⅱ升高，多黏菌素类、氨基糖苷类及磺胺药可引起肾小管损害。

4.胃肠道反应 口服抗生素后可引起胃部不适，如恶心、呕吐、上腹饱胀及食欲减退等；四环素类中尤以金霉素、多西环素、二甲四环素显著；大环内酯类抗生素中以红霉素类最重，麦迪霉素、螺旋霉素较轻；四环素类和利福平偶可致胃溃疡。

5.其他毒性反应 抗生素可致菌群失调，引起 B 族维生素和维生素 K 缺乏，也可引起二重感染，如假膜性肠炎、急性出血肠炎、念珠菌感染等；林可霉素和克林霉素引起的假膜性肠炎最多见，其次是先锋霉素Ⅳ、Ⅴ；急性出血性肠炎主要由半合成青霉素引起，以氨苄西林引起的机会最多。

另外，长期口服大剂量新霉素和应用卡那霉素可引起肠黏膜退行性变，导致吸收不良综合征，使婴儿腹泻和长期体重不增，应予重视。少数人用抗生素后引起肛门瘙痒及肛周糜烂，停药后症状可消失。

抗生素的过敏反应一般分为过敏性休克、血清病型反应、药热、皮疹、血管神经性水肿和变态反应性心肌损害等。

（二）抗生素使用原则

1. **严格掌握适应证** 凡属可用可不用的尽量不用，而且除考虑抗生素的抗菌作用的针对性外，还必须掌握药物的不良反应和体内过程与疗效的关系。

2. **发热原因不明者不宜采用抗生素** 除病情危重且高度怀疑为细菌感染者外，发热原因不明者不宜用抗生素，因抗生素用后常使致病微生物不易检出，且使临床表现不典型，影响临床确诊，延误治疗。使用抗生素前必须先留取标本进行培养。

3. **病毒性或估计为病毒性感染的疾病不用抗生素** 抗生素对各种病毒性感染并无疗效，对麻疹、腮腺炎、伤风、流感等患者给予抗生素治疗是有害无益的。咽峡炎、上呼吸道感染者90%以上由病毒所引起，因此除能肯定为细菌感染者外，一般不采用抗生素。

4. **皮肤、黏膜局部尽量避免应用抗生素** 因抗生素用后易发生过敏反应且易导致耐药菌的产生，因此，除主要供局部用的抗生素（如新霉素、杆菌肽）外，其他抗生素特别是青霉素 G 的局部应用应尽量避免。在眼黏膜及皮肤烧伤时应用抗生素，要选择适合的时期和合适的剂量。

复习思考题

1. 如何鉴别咯血与呕血？

2. 简述几种常见出疹性传染病及其皮疹特点。

3. 简述引起头痛的常见病因。

4. 试述传染病流行的基本环节，并举例说明。

5. 简述学校结核病防控措施。

6. 简述病毒性心肌炎的临床表现及治疗原则。

7. 简述消化性溃疡的发病机理、临床表现及其治疗原则。

8. 简述缺铁性贫血的病因及治疗原则。

9. 试述急性阑尾炎的典型临床表现及治疗原则。

10. 药物的不良反应有哪些？试述抗生素分类管理的意义。

第三章　心理健康

人的心理是指人脑对物质世界的主观反映,表现出来的形式称为心理现象。人们通过感官认识世界万物,通过大脑的思考,伴随着情感体验,反映出情感过程和意志过程。心理现象是心理活动的表现形式,是宇宙间的复杂现象之一。健康的心理是人类健康的重要组成部分,也是大学生顺利成长成才的前提条件。

第一节　心理学基本知识

一、健康心理

(一)概念

健康心理是指在身体、智能和情感上,在与他人的心理健康不矛盾的同时,将个人心境发展成最佳的状态。

(二)健康心理的标志

第三届国际心理卫生大会上认定的心理健康标志包括:

(1)身体、情绪十分协调;

(2)适应生活的环境,人与人之间能相互谦让、和谐;

(3)有幸福感;

(4)在工作中能充分发挥自己的能力,过着有效率的生活。

心理学的
发展历史

二、不健康心理

(一)概念

不健康心理又称心理问题,是指一切偏离常模而丧失常规功能的心理活动,是一种处于动态失衡的心理过程。

(二)常见心理问题

心理问题通常可分为一般心理问题、严重心理问题、神经症性心理问题。

1.一般心理问题　一般心理问题是指由现实因素激发,持续时间较短,情绪反应能受理智控制,不严重破坏社会功能,情绪反应尚未泛化的心理不健康状态。

2.严重心理问题　严重心理问题是指由相对强烈的现实因素激发,初始情绪反应剧烈,持续时间长久,内容充分泛化的心理不健康状态。

3.神经症性心理问题　神经症性心理问题已接近神经症,或者处于神经症的早期阶段,有时也包括有严重心理问题且有人格缺点者。

三、异常心理

(一)概念

异常心理又称心理不正常或心理疾患,是指偏离正常人心理活动规律的心理现象及心理活动。

(二)常见异常心理

异常心理通常包括确诊的神经症、人格障碍、精神病和其他各类精神病性障碍。

1.神经症　神经症是指一组轻度的精神障碍,传统上神经症分为神经衰弱、焦虑症、强迫症、恐惧症、疑病症、抑郁症及癔症等七类,属于心理学范畴。

2.人格障碍　人格障碍是指广泛、固定、持久的异常行为模式,这种模式在整体上不被与其相关的特定文化背景所接受,会引起个体明显的痛苦或功能障碍。

3.精神病　精神病是指一类严重的精神障碍,主要包括精神分裂症、双向情感障碍及偏执性精神病等,属于精神病学界范畴。

四、情绪情感

人对客观事物与人的需要之间的关系的反映称为情绪情感,统称为感情。喜、怒、哀、乐等心理现象属于人的情绪情感过程。通常认为,情绪情感是不可分割的。

(一)情绪的特点

情绪的性质取决于需要的满足与否,是独特的主观体验,具有个体差异性。情绪表现为面部、身体及言语表情,伴随着心率、呼吸、血压、生化物质等生理变化。例如,快乐是指个人达到目的,紧张解除后的情绪体验;悲哀是个人在失去所期盼的、追求的、或有价值的东西时所引起的情绪体验。

(二)情绪的类型

情绪分为基本情绪和复合情绪两类。基本情绪包括快乐、愤怒、悲哀和恐惧。复合情绪是由基本情绪组合派生的。例如,敌意是由愤怒、厌恶、轻蔑等组合而成的复合情绪;焦虑是由恐惧、内疚、痛苦、愤怒等组合而成的复合情绪。

(三)情绪的基本功能

情绪的基本功能包括适应功能、动机功能、组织功能和信号功能。例如,快乐、热爱、自信等积极增力的情绪会提高活动的积极性,而恐惧、痛苦、自卑等消极减力的情绪则会降低活动的积极性。正如马克思所言:"一种美好的心情,比十服良药更能解除生理上的疲惫和痛楚。"

(四)情绪的状态

根据强度、持续性和紧张度的不同,情绪可划分为心境、激情、应激三种状态。心境是一种强度比较弱,持续时间较长又具有弥漫性的情绪状态。激情是一种强烈的、爆发的、短暂的情绪状态,如暴怒、恐惧、狂喜、悲痛、绝望等情绪状态。应激是一种出乎意料的紧急情况所引起的急速而高度紧张的情绪状态。

五、压力与应激反应

(一)压力

压力是客观事件对个体的刺激,是压力源和压力反应共同构成的一种认知和行为体验过程。从心理学角度来看,压力是由外部事件引发的一种体验,经历和体验到的压力是人的内心冲突。

压力源的种类包括生物性压力源、精神性压力源和社会性压力源。造成大学生心理问题或心理疾患的压力源绝大部分是综合性的。

(二)应激反应

应激反应是指个体对应激源的生理反应与心理反应,也称生理应激与心理应激。生理反应可表现为消化、心血管、泌尿、呼吸、神经、内分泌及免疫系统等功能紊乱状态;心理反应可有焦虑、恐惧、抑郁、愤怒、敌意等表现。与应激反应相对应的社会行为反应可表现为逃避与回避、退化与依赖、敌对与攻击、无助与自怜、物质滥用。

六、心理干预与心理咨询

(一)心理干预

心理干预是指在心理学原理和有关理论指导下有计划、按步骤地对一定对象的心理活动、个性特征或行为问题施加影响,使之发生指向预期目标变化的过程。

常见的心理干预方法包括心理教育、心理指导和心理治疗。其中,心理治疗是心理干预最常用的方法。

(二)心理咨询

广义的心理咨询,是指临床干预的各种方法或手段;狭义的心理咨询,是指非标准化的临床干预措施。心理治疗是指标准化的临床干预措施。

心理咨询按咨询性质,分为发展心理咨询和健康心理咨询;按咨询规模,分为个体咨询和团体咨询;按咨询形式,分为门诊心理咨询、电话心理咨询和互联网心理咨询等。

第二节　大学生常见心理问题及应对

一、大学生情绪情感困扰与调适

大学生具有情绪内容丰富、波动性大及冲动性强等特点。情绪情感困扰是大学生常见的心理问题之一。

(一)常见的情绪情感困扰

1.焦虑　焦虑是大学生中较为普遍存在的情绪困扰,表现为莫名其妙的持久性恐惧、紧张情绪或者发作性惊恐状态,常伴有心悸、心慌、胸闷、气短、口干、尿频、头晕、失眠(入睡难)、出汗、震颤和坐立不安等。焦虑也可表现为在具体环境中产生紧张和不安甚至害怕的反应,具有暂时性,称为情境性焦虑。大学生的焦虑情绪以情境性焦虑居多,常表现为考试焦虑、身体健康焦虑和环境适应焦虑等。

2.抑郁　抑郁是大学生中一种普遍存在的情绪困扰,表现为情绪低落、兴趣减退、不愿社交、思维迟钝、注意力不集中、容易疲劳,并伴有失眠(易早醒)、腹胀、食欲减退、头昏、头痛等症状。大多数人的抑郁情绪只是偶然的、暂时的,若持续存在,则可能为抑郁症。

3.**愤怒**　愤怒是指个人目的不能达到或一再受到妨碍从而逐渐积累起紧张而产生的情绪,表现为不满—生气—愠—怒—大怒—暴怒。愤怒常致头疼、失眠、心律失常、高血压、支气管哮喘、消化性溃疡等疾病;会使人远离真理,做出不理智的行为,甚至产生攻击性。

4.**嫉妒**　嫉妒俗称"红眼病"或"吃醋",是指在才能、名誉、地位或境遇等方面不如别人而产生的羞愧、愤怒、怨恨等复杂情绪状态。嫉妒是自己与他人对比而产生的消极心态,是对身边强于自己的人的不服、不悦、失落、仇视的危险情感。

5.**恐惧**　恐惧是指企图摆脱、逃避某种情景而又无能为力时所产生的情绪,是对危险所产生的反应。恐惧心理难以消除,或产生过分恐惧心理,或产生难以自制的恐惧,甚至出现回避行为,就属于恐惧症。

6.**自卑**　自卑是对自己评价过低而产生的压抑、羞愧的情绪,表现为害羞、胆怯、不自信、焦虑,害怕失败。每个人在生理、容貌、才华、人品、职业、社会地位、经济背景等方面都有强人之处,但也有不尽如人意之处,如果过分看重后者就会产生自卑心理。

7.**孤独**　孤独是指与他人或社会隔离与疏远的,令人感到寂寞、空虚、无助的消极情绪,是一个人对生存空间和生存状态的自我封闭,孤独的人会脱离社会群体而生活。过度的孤独感不仅影响人际交往,影响学业和日常生活,还会给自己的身心健康带来危害。

8.**冷漠**　冷漠是对人和事漠不关心、无动于衷的消极情绪,是一种对挫折环境的自我逃避式的退缩性心理反应。冷漠主要表现为对人怀有戒心,甚至敌对情绪,不与他人交流思想感情,对他人的不幸冷眼旁观、无动于衷、毫无同情心。表面冷漠的人事实上内心很痛苦、很孤寂,具有强烈的压抑感。

(二)常见的情绪情感调适方法

大学生保持积极的情绪情感,不仅有助于提高学习和工作效率,而且有益于身心健康,有助于人格的自我完善;若长期处于消极的情绪情感状态,不仅会影响学习和工作效率,而且易导致心理问题。情绪情感的产生与人的认知活动和行为方式关系密切,是可调控的。

1.**坚持记录情绪,加强自我管理**　通过写情绪日记的方式记录自我情绪的相关情况,认识自己的情绪类型及特点,仔细分析对相关性事态的看法是否合理,然后挑战不合理的信念,达到消除不良情绪的目的。

美国临床心理学家艾利斯的合理情绪疗法认为,合理的信念引发合理的情绪与行为反应,不合理的信念引发病态的情绪与行为反应,改变信念的方法是与不合理信念进行辩论。常见的不合理信念具有绝对化的要求、以偏概全和糟糕至极等特点。例如，"无论做什么都必须成功""别人应该喜爱、关心、接受我，否则我不会幸福""不能获第一就是惨败""我犯错误是因为我很蠢"等。

2. 学会宽容，不轻易发怒 大学生加强自身道德修养，学会为人宽容，就不会轻易为小事生气。俗话说，"金无足赤，人无完人"，"忍一时风平浪静，退一步海阔天空"。因此，大学生要学会换位思考，对他人多一分理解，多一分宽容，就多一分和谐的人际关系。俄国大文豪屠格涅夫曾劝告与人争吵、情绪激动的人："在开口之前，先把舌头在嘴里转十圈。"

3. 自我想象放松法 自己通过找一个适当的场合，采取最放松的姿势，闭目在心中想象非常美好的情境，以达到放松心情的目的。想象最能让自己感到舒适、惬意、放松的情境，如想象自己在海边美好的各种感官体验，尽量想得具体、生动、有感觉。

4. 积极的自我暗示 积极的自我暗示产生积极的自我意识，进而产生积极的心态和情绪，同时激发人的潜能。积极的自我暗示可以通过心中默念，大声说出来，或在纸上写出来等形式。例如，"天生我材必有用""我会成功的"等。

5. 自我安慰法 自我安慰法是指当预期目标无法实现时，通过为自己寻找一种"合理"的解释而自我满足，同时达到及时化解不良情绪的目的。例如，"吃不到葡萄说葡萄酸""第十名已经很不错了"等。

6. 转移注意力 通过把注意力从引起不良情绪反应的刺激情境转移到其他事物或从事其他活动，尽可能回避导致心理困境的外部刺激。例如，通过散步、打球、看电影、欣赏音乐等活动，从而把注意力转移到自己比较感兴趣的事物或文体活动上。

7. 合理宣泄 通过合理的途径与方式把自己压抑的不良情绪释放出来，使情绪恢复平静。要注意宣泄对象、场合与方式，不可逾越法律法规的约束，不能把别人当成自己出气的对象，也不能毁坏公共财物等。例如，把自己遭遇痛苦与不幸的事情向亲朋好友坦率地倾诉，通过书信或日记来述说自己内心的苦衷等。

浙江大学心理健康教育与咨询中心：http://www.xlzx.zju.edu.cn

8. 寻求他人支持，求助于心理咨询 如果情绪情感的困扰较为严重，自己力所不及，就要及时寻求帮助。大学生除了向父母、老师、好友等寻求支持之外，还可以到心理咨询机构寻求专业性的帮助。

二、大学生心理冲突与挫折应对

(一)心理冲突与挫折概述

1.心理冲突

(1)马斯洛的动机理论。马斯洛的动机理论又称需要层次理论,是指人类动机的发展和需要的满足有密切的关系,需要的层次有高低的不同,低层次的需要是生理需要,向上依次是安全、爱与归属、尊重和自我实现的需要。一般来说,某一层次的需要相对满足了,就会向高一层次的需要发展,追求更高一层次的需要就成为驱使行为的动力。生理需要、安全需要、爱与归属需要都属于相对低层次的需要,尊重的需要和自我实现的需要是高层次需要,

马斯洛的需要
层次理论

而且人的高层次需要是无止境的。一个人在同一时期可能有几种需要,但每一时期总有一种需要占支配地位,对行为起决定作用。

(2)心理冲突的概念。心理冲突是指个体在有目的的行为活动中,存在着两个或两个以上相反或相互排斥的动机时所产生的一种矛盾心理状态。

(3)心理冲突的类型。①双趋冲突,如鱼与熊掌不可兼得;②双避冲突,如前有狼,后有虎;③趋避冲突,如食之无味,弃之可惜;④双重趋避冲突,如读研与工作。

2.挫折

(1)挫折的概念。挫折是指人们在某种动机的推动下,为实现目标而采取的行动遭遇到无法逾越的困难障碍时,所产生的一种紧张、消极的情绪反应和情绪体验。挫折主要包含挫折情境与挫折感受(图 3-1)。

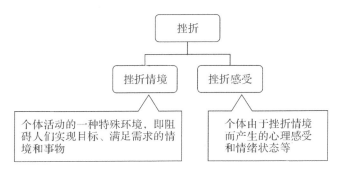

图 3-1　挫折的内涵

（2）挫折的本质。由于外界环境条件因素或自身条件因素限制，人类的多种动机和需要满足都有可能受挫，使个体产生挫败感，从而最终产生压力。大学生常在环境适应、人际交往、学业、恋爱、家境、择业等方面经历和体验到的挫折与压力，其心理学的本质都是人的心理冲突。

（二）心理防御机制

1.心理防御机制概述

（1）心理防御机制的概念。心理防御机制是指个体处在挫折与冲突的情境时，在其内部心理活动中具有解脱烦恼，减轻内心不安，以恢复情绪平衡与稳定的一种适应性倾向，是一种潜意识的心理保护机制。

（2）心理防御机制的效果。在现实生活和工作中，个体遭受挫折后都会自觉或不自觉地采取心理防御机制。运用心理防御机制所产生的效果可能是积极的、建设性的，也可能是消极的、破坏性的。积极的心理防御机制是以适应性方式来控制冲动和调节情绪的能力，有利于个体对环境的适应；消极的心理防御机制从心理学的角度来看，是心理成熟度较低的人应付压力及挫折的心理防御方式，实际上是对环境的一种不适应状态。

（3）心理防御机制的特点。积极的心理防御机制的特点表现为正视挫折，正确分析挫折产生的主、客观原因，总结经验教训，采取积极有效的行为方式适应环境。消极的心理防御机制的特点大多表现为自我欺骗、退缩逃避的倾向，虽然能暂时缓解内心冲突，但是不能从根本上解决问题，甚至导致适应不良或成为心理疾病的隐患。

2.常见的心理防御机制　大学生常见的心理防御机制主要表现为以下几种：

（1）表同。表同又称认同，是指在遭遇挫折而痛苦时，自觉或不自觉地效仿他人的优良品质并效仿他人获得成功的经验和方法，使自己的思想、信仰、目标和言行更适应环境的要求，从而在主观上增强自己获得成功的信念。例如，把历史名人、科学家、自强不息的模范人物和同学，尤其是与自己条件类似的成功人士，作为自己的认同对象。

（2）幽默。幽默是一种人际关系的润滑剂，当个体遭受挫折、处境困难或尴尬时，通过幽默来化险为夷，对付困难的情境，或间接表示出自己的意图，有利于缓解人和人之间的矛盾。人格较为成熟的人，懂得在适当的场合，使用适当的幽默，成功地应对困境。

（3）升华。升华是指因种种原因无法达到原定目标，或个人的动机与行为不为社会所接受时，用另一种比较崇高的、具有创造性和建设性的、有社会价值的目标来代替,借此弥补因受到挫折而失去的自尊与自信,减轻挫折所造成的痛苦。例如,司马迁受到宫刑凌辱,最终却以《史记》传世;歌德于失恋中得到灵感与激情,写出了世界文学名著《少年维特之烦恼》。

(4)利他。利他是指采取某种行动不仅能直接满足自己的欲望和冲动,同时所表现的行为又可帮助他人、有利于他人,它是受到社会赞赏的一种心理防御机制。利他的行为可用于解决自恋的问题,也可以是取得伟大的成就与对社会产生积极贡献的源泉。

(5)合理化。合理化又称文饰作用,是指个人无法达到追求的目标,或自己表现的行为不符合社会价值标准时,给自己找出适当的理由来解释,以减轻心理上的压力和痛苦的一种心理防御机制。日常生活中,普通人适度运用合理化机制,通常具有积极的作用。例如,"比上不足,比下有余""知足常乐"等。

(6)补偿。当由于主、客观条件限制和阻碍,个人目标无法实现时,设法以新的目标代替原有的目标,或以现在的成功体验去弥补原有的失败痛苦,这就是补偿。适度运用补偿机制,通常具有积极的作用。例如,恋爱失败了,通过用功学习,用好成绩来补偿失恋的痛苦。

(7)压抑。压抑是指把不能为社会所接受或会引起内心痛苦的思想、欲望、感情或行为尽量加以抑制或排除在意识之外,以保持心境的安宁的一种心理防御机制。压抑的结果虽可减轻个体的某些焦虑而获得暂时的心理安全感,但被压制的欲望并不会因此而消失,而是深埋于个体的潜意识里,一有机会便会萌发。因此,压抑并不能真正解决问题。如果多次压抑,超过挫折承受力,就可能导致心理问题或心理疾病,影响个人性格的健全发展。

(8)逃避。逃避是指个体不敢面对自己预感的挫折情景,而选择比较安全的环境的一种心理防御机制。主要是逃向幻想的自由世界,把自己置于一种脱离现实的想象的境界,企图以非现实的虚构方式来应对挫折或取得满足。

(9)退行。退行又称退化,是指受到严重挫折时放弃习惯化的、成熟的应对策略,而使用早期幼稚的、不成熟的方式应对挫折情境。癔症和疑病症病人通常会使用退化机制。例如,已经学会控制大、小便的孩子出现行为退化,再次出现尿床行为,以引起母亲的关注,从而消除母子分离所造成的焦虑。

(10)转换。转换是指将内心冲突或情绪躯体化的潜意识机制。其机理为应激时心理矛盾、内心冲突通过潜意识途径转化为功能性躯体症状,借此摆脱心理上的痛苦。例如,一位心理剧烈冲突的病人,虽然身体无恙,却表现为心悸、头昏、头痛、四肢发麻、失明或肢体瘫痪等多样化的躯体形式症状。

(11)反向。反向是指"矫枉过正"的心理防御机制。反向机制能自行控制社会所不允许的欲望,有利于个人适应环境;但如果过分控制自己,做违心的表演,既耗精力又损害健康,还可能为他人所厌弃。例如,有的大学生内心很自卑,却总是以自高自大的表现来掩盖自己的弱点。

(12)发泄。发泄是指个体因愤怒而表现出攻击性行为,从而把自己的愤怒、怨恨等紧张情绪释放出来以恢复心理平衡的方式。攻击性行为可表现为挥拳动脚,也可表现为一个鄙视的眼神、一句刻薄的话语,使对方难堪,使自己的怨恨得以发泄。

(三)心理冲突与挫折的应对技巧

挫折是社会生活中的正常现象,几乎每个人都无法逃避。在遇到心理冲突或受到挫折时,除了合理地运用心理防御机制以外,还可以运用以下几种方法:

1.自勉法 自勉就是以积极的信念暗示自己,努力挖掘自己的优点与长处,不断激励自己。在很多情况下,自勉能驱散忧郁、克服怯懦,使自己恢复乐观与自信。例如,"振作起来,一切都会过去,将来一定会成功"等。

2.求实法 在挫折面前,调控自己的期望值,满足于已经达到的目标。对一时难以做到的事情不奢望、不强求,同时多看看周围不如自己境况的人。这样,就容易从烦恼、痛苦中解脱出来,为将来的成功创造良好的基础。

3.回避法 俗话说:"惹不起,躲得起。""躲"也就是回避,这一方法虽简单但却有实效。当某些人和事、某些场合使你烦恼或愤怒时,应及时回避这些引起挫折的情境,避免"触景生情",使内心趋于平静,恢复心理平衡。

4.转视法 换个角度看问题,发现事物的积极意义,从而使消极的情绪体验转化为积极的情绪体验,走出心理困境。任何事物都有积极和消极的方面,因此要科学地认识并利用事物的两面性。例如,"塞翁失马,焉知非福"等。

5.换脑法 换一种认知来解释事物,更新观念,重新解释外部环境信息,以达到放松心态的目的。部分大学生常戴着有色眼镜看问题,错误的认知导致自寻烦恼与产生挫折感,因此,需要矫正认知错误。例如,疑邻窃斧、杯弓蛇影等。

6.宣泄法 宣泄是一种自我心理救护措施,个体可以通过合理宣泄的有效途径来消除不良情绪。当心中已积满不良情绪时,通过写日记、写作等方式诉诸文字,"一吐为快",也可通过找老师、同学或亲朋好友倾诉、哭泣,或剧烈运动等方式宣泄。不良情绪宜疏不宜堵,但要注意选择适当的时间和地点,以不影响别人和不伤害自己为原则。

7.求助法 当大学生遭遇挫折而不知所措时,不妨求助于心理咨询机构,通过心理咨询来帮助自己增强挫折承受力。心理咨询师针对大学生出现的心理失衡的具体情况,以专业知识与技能进行引导,帮助其分析挫折原因,提高对挫折的认知,采取有效的方法化解消极情绪,减轻心理压力,进而战胜挫折。

(四)培养和强化挫折承受力

1.挫折承受力的概念　挫折承受力又称耐挫能力,是指个体对挫折的可忍耐、可接受程度的大小。挫折承受力包括挫折耐受力和挫折排解力两方面,前者是对挫折的被动适应能力,后者是对挫折的主动适应能力,两者共同构成对挫折的适应力。

2.挫折承受力的影响因素　挫折承受力的影响因素包括生理因素、心理因素及社会因素。身体健康的人对挫折的承受力通常比疾病缠身的人高。历尽磨难的人远比生活一帆风顺的人的社会适应能力强。面对挫折时获得的社会支持越多,就越容易走出心理困境。乐观豁达和意志坚定的人更能适应挫折。

3.培养和强化挫折承受力的方法　主要方法包括:正确认识挫折;培养坚强的意志品质;培养乐观积极的心态;树立科学的人生观、价值观;增强自身的身体素质;建立和谐的人际关系;构建成熟的心理防御机制;掌握应对挫折的技巧;积极寻求心理咨询的帮助。

三、大学生适应障碍与调适

(一)大学生适应障碍

1.生活环境不适应　一些大学新生面对环境的转变,不知如何与同寝室室友相处,对新的生活环境不适应。南、北方学生换位就学,出现对自然环境、饮食起居习惯的不适应。有些同学习惯父母陪伴,产生了依附型与独立型生活方式的矛盾。家境困难的学生由于经济压力而产生困惑和茫然,加重了生活环境适应问题。

2.学习目标不适应　许多大学生在高中时代把高考作为学习的终极目标,进入大学后缺乏学习目标和学习动力,表现出无求知欲、无成就感、无学习兴趣。有些同学在填报志愿时对学校及相关专业了解不够充分,入学后对该专业不感兴趣,认为所选专业不适合自己,从而产生消极情绪,逃避学习。

3.学习方式不适应　大学阶段的自主学习模式没有了中学老师的反复讲解与督促,一些同学面对浩瀚的知识不知从何学起,难免会产生困惑、迷茫和无所适从,面临着学习方式的困扰,表现出学习策略、学习方法等方面的不适应,影响学习的质量和效率。

4.价值观不适应　大学生在强手如林的新集体里,昔日那种优越感已荡然无存,会在心理上产生一种失落感。部分来自经济困难家庭的学生容易产生自卑感,总感到"见人矮三分",变得沉默寡言、内向孤僻。

5.人际关系不适应　大学生对"熟人社会"向"生人社会"的角色转变难以适应。许多大学生缺乏平等交往的认知,自我意识强,以自我为中心,忽视他人的需要和感受,过于强调他人的缺陷与不足,表现出人际关系敏感、焦虑、敌意、偏执等现象。

以上各种适应障碍导致不良的情绪与行为反应,使大学生的生理功能产生障碍,从而使个人的能力发挥受到影响,严重地影响了大学生的学业和身心健康。例如,烦恼、焦虑、孤独、厌学、逃学、网络依赖,以及注意力不集中、记忆力下降、头痛、头昏、失眠、胃肠功能紊乱等症状。

(二)大学生适应障碍的调适

(1)尽快熟悉新的生活环境,培养独立自主的生活能力。

(2)做好大学生涯规划,制定合理的学习目标。

(3)调整学习策略与学习方式,提高自主学习的能力。

(4)树立科学的人生观、价值观,不断完善自我。

(5)掌握人际沟通技能,建立良好的人际关系。

(6)培养多方面的兴趣爱好,体验新环境带来的愉快。

(7)提高自我心理调控能力,及时消除不良情绪。

(8)寻求他人支持与帮助,必要时求助于心理咨询。

四、大学生人际交往障碍与调适

(一)大学生人际交往过程中的不健康心理

一些大学生在人际交往过程中,常常表现出不敢交往、不愿交往和不能交往等现象,主要原因是存在自我中心、自卑、恐惧、嫉妒、孤僻、自负、猜疑、干涉等不健康心理。

(二)大学生常见的人际交往障碍

在大学生的各种心理障碍中人际交往障碍表现最为突出,是大学生心理咨询中的首位问题。大学生的人际交往障碍主要表现在以下几个方面:

1.自我中心　部分大学生有过强的自我意识,只从自己的经验角度去认识人和事,对人和事的看法带有强烈的主观性。这类大学生希望别人尊重他,却不懂得尊重别人。在交往过程中以自我为中心,不能换位思考,忽视他人的需要和感受,缺乏包容心态。这类大学生虽能与他人交往,但难有知心朋友。

2. **自卑心理**   自卑心理是指一种过低的自我评价,认为自己在某个方面或几个方面不如他人的情感体验。认为自己干什么都不会成功,别人都瞧不起自己。只看到自己的缺点,看不到自己的优点。有自卑心理的大学生大多较为敏感,缺乏自信,他们处事过分谨慎,为减少挫折,尽量避开人群,因而丧失许多发展机会。还有一部分有自卑心理的大学生表现为凡事对自己要求很高,在交往中总是力求完美,以免遭到他人的耻笑,常以一种盛气凌人的架势来掩饰自己自卑而脆弱的心理,从而使自己的社交圈子变得非常狭小。

3. **恐惧心理**   恐惧心理是指在交际场所或大庭广众之下羞于启齿或害怕见人,觉得不舒服、不自然,紧张甚至恐惧的情绪体验。表现为心跳加快、面红耳赤、手足无措、语无伦次,严重者甚至害怕见人,出现社交回避行为,罹患社交恐惧症,也即社交焦虑症。社交恐惧者常表现为对人际交往敏感,害怕因交往而使自己受到伤害,通常的做法是减少人际交往,选择孤独的生活方式,妨碍了与他人的交流沟通,最终的危害是走向自我封闭。

4. **嫉妒心理**   嫉妒心理是指与他人比较而产生的一种由羞愧、愤怒、怨恨等组成的复杂情绪状态。嫉妒情绪一旦产生,就不容易摆脱,能持续影响个体的思想、情感和行为。嫉妒是人类普遍存在的社交情绪,任何人都有不同程度的嫉妒心理。一定程度的嫉妒心理可以激励人奋发向上,但如果这种嫉妒心理超过限度就会走向反面,对他人的成功就会产生不满和愤恨情绪,影响人与人之间正常的关系。

5. **孤僻心理**   孤僻心理是指个体性情孤独、不合群,不能与他人保持正常关系,经常离群索居的心理状态。具体表现为孤芳自赏、自命清高,或是不合群,待人不友好,或是由于行为习惯上的某种怪僻使他人难以接受,这样从心理和行为上在他人面前树立了屏障,把自己封闭起来。在人际交往中总是表现为不愿和他人交谈,不愿参加集体活动,时间长了以后,就会出现寡言少语、感情冷淡、不善交际等现象。

6. **自负心理**   自负心理是指一种过高的自我评价,认为自己在多个方面或各个方面都比他人强的情感体验。表现为过高估计自己,觉得自己是最好的,看不起他人,只看到自己的优点,看不到自己的缺点;只关心个人的需求与强调自己的感受,忽视他人的情绪和态度。在人际交往中表现为盲目自信、自夸自大、不切实际、居高临下、目中无人。

7. **猜疑心理**   猜疑心理是指在交往中由主观推测而产生的对他人不信任的复杂情感体验。猜疑的人很容易偏激,对他人的言行敏感、多疑、不信任,甚至把善意曲解为恶意。这类大学生对别人总是持不信任的态度,不肯讲真话,戴着面具与人交往,几乎没有知心朋友,人际关系常陷入困境。

8.干涉心理 干涉心理是指专门打听并传播他人的隐私、秘密,或干预他人的私事,以满足自己私欲的心理状态。心理学家研究发现,人需要一个不受侵犯的生活空间,同样,也需要有一个不受侵犯的心理空间。再亲密的朋友也有个人的内心隐秘,有一个不愿向他人袒露的内心世界。有些大学生与人交往时热衷于探听并传播他人的隐私、秘密,甚至干涉他人的私事,从而引起他人的不满、厌恶情绪,导致人际关系紧张。

(三)大学生人际交往障碍的调适

构建和谐美好的人际关系是维护大学生身心健康的重要途径,也是大学生成长成才的重要保证。

(1)自我完善人格。大学生要结合自己的个性特点,分析人际交往中存在的问题,不断地自我完善,克服自身的不良社交心理。

(2)把握人际交往的原则。做到真诚、平等、互利、尊重、宽容等待人之道,坚持"己所不欲,勿施于人"。

(3)掌握人际沟通的技巧,提高人际交往的能力。①用心倾听他人,了解对方的心理需求。②学会真诚地肯定他人。③把握拒绝他人的艺术。④换位思考问题,善于化解人际冲突。⑤善于运用语言艺术。

(4)掌握情绪情感的调适方法,及时消除不良情绪。

(5)寻求他人支持与帮助,必要时求助于心理咨询。

五、大学生学习心理困扰与调适

(一)大学生学习心理困扰

健康的学习心理是大学生在大学学习期间取得好成绩的前提和保障。但不少大学生在学习过程中都有可能出现程度不同、持续时间不等的学习心理困扰,主要表现为学习倦怠、记忆障碍、学习焦虑等。学习成绩的下降,极易使大学生产生严重的受挫感,这种受挫感又加重了学习心理困扰。其中,大学生学习倦怠是心理咨询和心理辅导工作中的常见问题。

(二)常见学习心理困扰的调适

常见的学习心理困扰的调适方法包括以下几个方面。

1.学习倦怠的调适

(1)树立正确的人生观、价值观,明确学习的目标和意义。

(2)培养多种兴趣爱好,体验生活的幸福感,保持积极乐观的心态。

（3）学会科学用脑，合理安排作息时间，做到劳逸结合，避免过度疲劳。

（4）掌握科学的学习方法，提高自我效能感，创造成功体验。

（5）寻求家庭、学校、社会的支持，营造良好的学习和生活环境。

（6）改变错误的归因方式，提高挫折承受力。

（7）掌握情绪情感自我调适的方法，及时化解不良情绪。

（8）寻求他人的支持与帮助，必要时求助于心理咨询。

2．记忆障碍的调适

（1）营造相对良好的学习环境和轻松愉快的学习气氛。

（2）保证睡眠充足、营养合理及适当的体育锻炼，确保精力充沛。

（3）积极的自我心理暗示，增强记忆的信心。

（4）明确记忆的目的与任务，提高对记忆内容的兴趣。

（5）遵循记忆规律，掌握个性化记忆技巧，提高记忆效率。

3．学习焦虑的调适　大多数大学生的学习焦虑属于情境性焦虑，通过自我调适是可以解决的。一旦学习焦虑达到焦虑症的程度时，寻求心理咨询的帮助更有助于问题的解决。

（1）保持乐观豁达的心态。

（2）培养积极的学习态度，增强学习自信心。

（3）主动地学习，高效地复习，做好应试准备。

（4）培养和提高自己的挫折承受力。

（5）善于运用情绪情感调适方法。

（6）求助于心理咨询，必要时予以抗焦虑药物治疗。

六、大学生网络心理障碍与调适

当代大学生面临的学业、就业等压力日益增大，尤其是置身于网络信息时代，部分大学生容易沉溺于网络以对抗自己的紧张情绪。

（一）大学生网络心理障碍的表现

网络心理障碍是指因无节制地上网导致的行为异常、人格异常、交感神经功能失常，其表现为：开始时精神上依赖，渴望上网；随后发展为身体上的依赖，不上网则情绪低落、疲乏无力、外表憔悴、茫然失措，只有上网后精神才能恢复正常。其具体包括以下几个方面：

1．网络恐惧　大学新生，特别是来自经济落后地区的学生，平时很少接触互联网，进入大学后面对周围同学熟练地使用电脑自由浏览、聊天时，一部分同学感到害怕和迷茫;或者一些对网络比较熟悉的大学生因为害怕跟不上网络的快速发展,怕掌握不了新的网络技术而被淘汰,而感到害怕和迷茫。

2. 网络迷恋 网络迷恋是指长时间地沉溺于网络游戏、上网聊天,醉心于网上信息等,造成对网络的过度依赖和依恋,导致个人生理功能受损,正常学习、工作、生活及社会交往受到严重的影响。网络迷恋主要包括对网络色情、网络交际、网络游戏、网络恋情、网络信息收集及网络制作等方面的迷恋。

3. 网络孤独 网络孤独主要是指希望通过上网获取大量信息、网上娱乐、网上人际交往来提高或改变自己,但上网未能解除孤独感,甚至可能加重原有的孤独感,或者反而因为触网而引发孤独感的不良心理状况。

4. 网络成瘾 网络成瘾简称网瘾,又称网络依赖综合征,是指上网者由于长时间地和习惯性地沉浸在网络时空当中,对互联网产生强烈的依赖,以致达到了痴迷的程度而难以自我解脱的行为和心理状态。

(二)大学生网络心理障碍的调适

1. 自我管理法 自我管理法包括强迫自己转移注意力、上网时间递减法、合理制定学习时间安排表、自觉提高上网效率以及自我奖励与自我惩罚措施。例如,上网之前要先定目标,明确上网的主要目的是为了学习知识;要自觉限制上网时间;在上网过程中,一定不要接触色情网站,远离"毒网"。

2. 想象厌恶疗法 想象厌恶疗法是指通过想象某些厌恶情境刺激产生厌恶反应来矫正和消除某些适应不良行为的方法。当你非常想上网或正在上网的时候,通过想象某些厌恶的情境,达到减少上网行为的目的。例如,想象眼前站着使你感到害怕的严厉的长者,或想象键盘与鼠标上爬满了毛毛虫等。

3. 培养良好的网络心理素质 全面地认识和理智地对待网络的作用,面对网络挑战,努力提高自己的网民素质。端正上网的目的与动机,正确使用网络工具,趋利避害,树立科学的网络观。努力提高自身道德素质、法律素质,规范自己的行为,做遵纪守法的网民。

4. 丰富自己的业余生活 积极参加一些有意义的专家讲座、学术报告、社团活动、社会实践等,尽量培养多种兴趣爱好,使大学生活变得充实与丰富多彩,更加有利于身心健康。合理安排上网与参加社交活动的时间,积极参加社交活动,充实自己的业余生活,就不至于在网络这个虚拟世界中寻求情感满足。

5. 积极求助 倘若发现自己"e网情深"了,自己又不能走出心理困境时,就应当积极求助于他人。老师、家人、同学和朋友的帮助与关爱有助于摆脱自己的网络心理困境;求助于心理咨询师的专业帮助更是行之有效的方法。

七、大学生择业心理问题及应对

(一)困扰大学生择业的几种常见心理现象

面对激烈的就业竞争和择业压力,一些大学生出现了难以摆脱的心理矛盾,致使心理失衡与适应不良,具体表现为自卑心理、焦虑心理、嫉妒心理、自负心理、功利心理及等待心理等心理困扰现象。

1.自卑心理 在竞争激烈的求职场上,部分大学生或因所学专业的对口行业不景气,或因自己专业知识、专业技能及综合素质不如其他同学,或因求职屡次受挫,往往产生强烈的自卑心理,从而严重影响了其择业与就业。

2.焦虑心理 为数不少的大学生在各种就业竞争和择业压力面前无所适从,出现焦虑、烦躁不安,甚至恐惧心理。具体表现为:对择业期望值过高而处处碰壁;四面出击,急于落实就业单位而屡战屡败;幻想无须付出多大努力就能得到称心如意的工作而事与愿违;等等。

3.嫉妒心理 嫉妒心理表现为在求职过程中与自己相比对他人专业特长、综合素质等优势条件既羡慕又敌视的情绪。这种心理的主要特征是把别人的优越之处视为对自己的威胁,因而感到不平衡,甚至产生恐惧和愤怒等不良情绪。

4.自负心理 部分大学毕业生因所学专业热门、毕业于名牌学校或属于优秀毕业生等原因,自视某方面或综合条件优越,在内心深处滋生了目空一切、高人一等的自负心理。在择业过程中表现为看这个单位不顺眼,看那个单位不如意,导致错失了很多就业机会。

5.功利心理 由于受到当今社会潮流的影响,一些大学生产生了在择业中追求高经济收入的求富心理,存在获取高收入、高地位的强烈欲望。就目前就业形势来看,越是条件艰苦的地区与单位,越是需要大学毕业生。很多毕业生宁可涌向就业竞争激烈的经济特区,也不愿到农村或边远地区就业。在功利心理的驱使下,大学生们选择职业的范围变窄,进而导致求职失败率增大。

6.等待心理 择业等待心理在毕业生的择业过程中表现十分突出。有不少毕业生同时收到几家用人单位的录用通知,挑花了眼,犹豫不决,总是抱着"等一等"的想法。一些学生即使是面对自己比较满意且有一定专业优势的用人单位,也不主动与对方单位保持联系,甚至因盲目等待而错失良机。

(二)大学生择业心理问题的应对

1.树立科学的择业观 大学生的择业观应该有利于自己可持续发展的职业规划目标,要同国家发展战略高度和社会实际需求紧密结合。避免急功近利及盲目攀比,转变一次性或一步到位的传统择业观。

2.认真做好求职准备 ①积极调研,客观地自我定位。择业过程就是主体的条件与客观的要求相适应的过程,因此,要做到"知己知彼,百战不殆"。②把握先机,培养主动的求职意识。大学生要提前准备好求职材料与相关技能,同时要利用各种途径主动推销自己。

3.掌握择业技巧 ①外塑自我形象,举止得体。②掌握交谈技巧,决胜面试。③先就业后择业,适时签约。

4.掌握择业心理调适的方法 ①保持良好的择业心态,做到"胜不骄,败不馁"。②积极的自我暗示,激发自身的潜能,发挥主观能动性。③培养自己的耐挫能力是最终取得成功的重要因素。④善于运用情绪情感调适方法。⑤寻求他人及专业机构的支持与帮助。

第三节　大学生常见神经症及防治

神经症为一组精神障碍,主要表现为精神活动能力下降、烦恼、紧张、焦虑、抑郁、恐惧、强迫症状、疑病症状、分离症状、转换症状或各种躯体不适感。

一、神经症的特点与诊断标准

(一)神经症的特点

(1)患者有一定的人格基础,常具有某种个性特征。据统计,约40%神经症病人有人格障碍,不同个性决定患神经症的程度,也决定患神经症亚型的倾向。由此可见,在神经症的病因学上人格因素比生活事件更为重要。

(2)发病常与心理社会因素有关。这些因素包括灾难性精神刺激或日常生活事件导致的精神紧张、感觉剥夺与社会隔离、现代文明发展、从事高度紧张的学习与工作以及不良家庭气氛等。

(3)临床症状多样化,没有可证实的相应的器质性病变作为基础。根据目前的科技水平,还未能发现肯定的、相应的病理学和组织形态学改变的功能性精神障碍。器质性精神障碍的神经症症状属于非神经症范畴。

(4)社会功能相对完好。社会功能是指个体的生存能力、学习和工作能力、人际交往能力。神经症相对重性精神病而言,社会功能完好,表现为生活自理,坚持学习、工作,言行在社会规范允许内;与正常人相比,社会功能受损,表现为社会功能出现困难、效率低、适应性差,需要治疗。

(5)自知力充分。现实检验能力通常不受损害,能区分症状来自他人或自身。大多数患者感到无法摆脱的精神痛苦,有改变现状的主动求治要求。

(二)神经症的诊断标准

神经症的诊断不能因为某些症状的相似(甚至相同)而随便"对号入座",也不能把短时间内的心理失调简单地贴上神经症的标签。现实生活中,由于上述问题而导致的心理问题屡见不鲜。神经症有严格的诊断标准,同时可结合心理测试的各种自评量表与他评量表进行评定,如抑郁自评量表、焦虑自评量表等。

抑郁自评量表、
焦虑自评量表

神经症的中国精神障碍分类与诊断标准(CCMD-3)

症状标准　至少有下列 1 项:恐惧;强迫症状;惊恐发作;焦虑;躯体形式症状;躯体化症状;疑病症状;神经衰弱症状。

严重标准　社会功能受损或无法摆脱的精神痛苦,促使其主动求医。

病程标准　符合症状标准至少已 3 个月,惊恐障碍另有规定。

排除标准　排除器质性精神障碍、精神活性物质与非成瘾物质所致精神障碍、各种精神病性障碍,如精神分裂症、偏执性精神病及心境障碍。

二、常见的神经症

传统上,神经症分为神经衰弱、焦虑症、强迫症、恐惧症、疑病症、抑郁症及癔症等七类,是大学生中常见的神经症,也是大学生中最多见的一类心理疾患。

(一)神经衰弱

神经衰弱是一种以脑和躯体功能衰弱(身心易疲劳)为主的神经症,是大学生中较常见的一种神经症。

1.症状

(1)兴奋性增高。早期可表现为情感的控制力降低,容易因一点小事而引起强烈的情绪反应。患者易激惹、好伤感,甚至易烦躁不安;感觉过敏,如感到头部的血管搏动,或怕光、怕声,尤其怕嘈杂的环境;头部持续性钝痛,入睡困难,睡眠表浅、多梦、易惊醒或早醒等。

(2)衰竭性增强。注意力不集中或不能持久,记忆力明显减退;脑力、体力均易疲劳,工作不能持久,学习和工作效率明显降低;嗜睡但醒后精力不振;情绪易波动,容易忧虑沮丧,情感反应强烈但不持久。大部分患者长期的典型症状是既易兴奋也易疲劳;部分患者早期以易兴奋为主,久病之后以易疲劳较为突出。

(3)自主神经功能障碍。心血管功能方面表现为心悸、心慌等,呼吸功能方面表现为出气不舒畅、胸闷等,胃肠功能方面表现为食欲不振、腹胀、腹泻、便秘等,泌尿生殖功能方面表现为尿频、月经失调、遗精、性功能障碍等。

2.病因 神经衰弱是由于某些精神因素使得大脑神经活动长期持续性过度紧张,大脑兴奋和抑制功能失调而产生的。大学生活中的学习问题、恋爱问题、人际关系问题、择业问题以及生活适应问题等,都易产生强烈的心理冲突和压力,从而导致了大脑神经活动过程处于过度紧张的状态。如果这种状态不能及时得到调节,就容易引起神经衰弱。

神经衰弱的发生与个人的人格特征有关。调查发现,性格偏于胆怯、自卑、抑郁、敏感、多疑、依赖性强、缺乏自信,或偏于主观、任性、急躁、易兴奋、好强、自制力差的人更容易患此病。

(二)焦虑症

焦虑症全称为焦虑性神经症,是一种缺乏明确对象和具体内容的持续的以提心吊胆及紧张不安为主的神经症。原发性惊恐发作,称为急性焦虑;以反复的惊恐发作作为原发症状的神经症,称为惊恐障碍。

1.症状

(1)广泛性焦虑。以持续的原发性焦虑症状为主,经常或持续的、无明确对象和固定内容的恐惧或提心吊胆,伴自主神经症状或运动性不安。

(2)惊恐发作。发作无明显诱因、无相关的特定情境,发作不可预测;在发作间歇期,除害怕再发作外,无明显症状;发作时表现出强烈的恐惧、焦虑,以及明显的自主神经症状,并常有濒临死亡的恐惧或失控感等痛苦体验;发作突然开始,迅速达到高峰,发作时意识清晰,事后能回忆。

2.病因 大多数人认为焦虑的发病原因主要与心理社会因素有关。按照弗洛伊德的观点,儿童时期特殊的精神创伤性体验被压抑到潜意识中去,到了成年以后则有可能由于新的精神刺激而引起焦虑症。现代的精神分析理论认为,如果防御机制完全失去作用,那么焦虑就会进展到惊恐状态。有人用"失助感"来解释焦虑症,当人们感到对自己命运的掌握失去了主宰的能力,即感到自己处在"孤立无援"的处境时,就会出现焦虑。

焦虑症患者易于紧张、焦虑,对困难估计过度,对躯体微小的不适容易产生过度关注,遇到挫折易于过分自责。谨小慎微、优柔寡断、敏感多疑、依赖性强的人,易患焦虑症。

(三)强迫症

强迫症是一组以强迫思维和强迫行为为主要临床表现的神经症,其特点为有意识的强迫和反强迫并存,强烈的冲突使患者感到巨大的焦虑和痛苦,影响学习、工作、人际交往甚至生活起居。强迫症包括强迫思维和强迫行为,前者又可以分为强迫观念和强迫意向。

1.症状

(1)强迫观念。表现为在患者脑中反复出现的某一概念或相同内容的思维,明知没有必要,但又无法摆脱。具体包括强迫性怀疑、强迫性担心、强迫性恐怖、强迫性穷思竭虑、强迫性联想、强迫性回忆等。例如,反复怀疑门窗是否关紧,反复思考太阳为什么从东边升起、西边落下等。

(2)强迫意向。患者反复体验要做某种违背自己意愿的动作或行为的强烈内心冲动。患者明知这样做是荒谬的、不可能的,并努力控制自己不去做,但却无法摆脱这种内心冲动。例如,其实并不想死,但站在高楼上却产生想向下跳的冲动等。

(3)强迫行为。表现为重复毫无意义的动作,明知没有必要,但无法控制,包括强迫性计数、强迫性洗涤、强迫性核对等。强迫行为往往是为了减轻强迫思维产生的焦虑而不得不采取的行动。例如,怀疑门窗是否关紧的想法,相应地就会去反复检查门窗以确保安全;碰到脏东西而怕得病的患者,相应地就会反复洗手以保持干净。

2.病因

(1)强迫症与心理社会因素有着密切的关系,强烈或持久的精神因素作用及剧烈的情绪体验的影响往往是本病发生的直接原因。

(2)强迫症与患者的人格特点有关。许多患者病前人格具有主观任性、急躁、好强、自制力差,或胆小怕事、优柔寡断、迟疑畏缩、遇事过于谨慎、缺乏自信心、墨守成规、生活习惯呆板、追求十全十美、喜欢过细地思考问题等特点。

(四)恐惧症

恐惧症又称恐怖症,是指一种以过分和不合理地惧怕外界客体或处境为主的神经症,包括场所恐惧症、社交恐惧症及特定的恐惧症。

1.症状　表现为对某些客体或处境有强烈的恐惧,恐惧程度与实际危险程度不相称;发作时有焦虑和自主神经症状;有反复或持续的回避行为,对恐惧情境和事物的回避必须是或曾经是突出症状;知道恐惧过分、不合理或不必要,但无法控制。

2.病因 学界对恐惧症的病因、病理解释不一。条件反射学说认为,一个中性刺激如果与某种恐怖性情境结合,一旦形成了条件反射,这个中性刺激便成了恐惧的对象,尽管患者知道此物无害,但形成条件反射的结果,恐惧情绪自然出现。心理动力学则认为,恐惧症是对焦虑的防御性反应,这种焦虑是由与性和攻击情感冲动相关的潜意识冲突所引起的,患者的谨慎小心、胆小羞怯、内向多思等个性特点为发病提供了一定条件。

(五)疑病症

疑病症是指一种以担心或相信自己患有严重躯体疾病的持久性优势观念为主的神经症。

1.症状 以疑病症状为主,对躯体疾病过分担心,其严重程度与实际情况不相称。对健康状况,如通常出现的生理现象和异常感觉做出疑病性解释,但不是妄想。反复就医或要求医学检查,但检查结果阴性和医生的合理解释均不能打消其疑虑。

2.病因 疑病症的发生除了人格因素外,往往与不科学的卫生宣传、道听途说,或看了医学书后片面理解,盲目"对号入座",或医疗过程中医生的言语不慎、诊断不确切、不良暗示等有关。而其背景因素常包括躯体虚弱,或心理挫折、危机感等。从心理分析的角度看,疑病症是一种不安全感的转嫁,或要求关怀、温暖、爱护的病态表现。现实生活中,常有些人因为学习、事业上的失败或担心失败而转嫁到对疾病的担忧上,以起到自我心理保护的作用。

(六)抑郁症

抑郁症全称抑郁性神经症,以显著而持久的心境低落为主要临床特征,临床可见心境低落与其处境不相称,每次发作持续至少2周以上,甚至长达数年。据统计,我国15岁以上人群抑郁症患病率高达5%~10%。抑郁症常被称为心理疾患中的"感冒"。

1.症状 临床上以持久的心境低落为主,主要表现为思维缓慢,言语和动作减少,心境低落呈晨重夕轻的节律改变。每日大部分时间都心境低落,对几乎所有的活动都兴趣明显减低,伴有痛苦、烦恼以及社交、职业等重要功能缺损;思考或集中思想的能力减退,疲倦乏力、缺乏精力,无价值感或过分自责。部分病例可有生物学特征性症状,如食欲减退、体重下降、早醒、性欲减退等。病情严重时,反复出现想死的念头,或有自杀、自伤行为。少数病例可有某些精神病性症状,但不符合精神分裂症的诊断。在抑郁症发作间歇期,上述症状可完全缓解。

多数病例有反复发作的倾向,部分可有残留症状或转为慢性。

2.病因　几乎所有的抑郁症均有心理社会因素作为诱因,大多是生活中的种种不幸遭遇,学习、工作中的困难,事业上的挫折等,尤其在自尊心受到打击或自我评价贬低时更易发生。大多数患者是自卑、自责、多愁善感的人,具有过于追求完美、凡事认真、自尊心极强、不允许自己出差错、性格不开朗等个性特点。

(七)癔症

癔症是指一种以解离症状(癔症精神症状)和转换症状(癔症躯体症状)为主的神经症。有癔症性人格基础,起病常受心理社会因素影响,以癔症精神症状为主,发病时有自知力障碍。

1.症状　癔症的临床表现多种多样,包括精神、躯体两方面的症状。

(1)精神症状。常见有情感爆发,表现为哭笑、打闹、喊叫等,精神转变迅速,常可破涕为笑并伴有戏剧样动作。患者的语言内容往往反映其内心不愉快的体验,发作时常伴有轻度意识障碍,发作后部分遗忘。

(2)躯体症状。常见有运动、感觉、反射及自主神经功能障碍等躯体症状,但没有相应神经系统器质性疾病的基础,即没有可解释上述症状的躯体疾病。

2.病因　癔症的第一次发作都有明显的心理社会因素作为诱因,如亲人死亡或其他不幸的意外发生,患者的强烈情感反应不能表达,以及持久的内心矛盾冲突引起的愤怒、悲哀不能宣泄,均有可能引起癔症发作。再次发作时并不一定具有明显的精神因素。情感丰富且极不稳定、以自我为中心、富于幻想、易受暗示等个性特点是癔症发生的重要人格基础。

三、神经症的治疗

神经症的治疗原则提倡个体化综合治疗,治疗目标是最短时间康复及最少次数复发。目前治疗神经症的方法主要有心理治疗和药物治疗两方面。急性期患者应联合应用药物治疗和心理治疗,以加强治疗效果。

(一)神经症的心理治疗

神经症常见的心理治疗方法包括支持性心理治疗、认知行为治疗、动力学心理治疗、森田疗法、人际心理治疗及音乐治疗等。心理治疗适用于轻、中度神经症患者。其主要任务是使求助者认识自己的内外世界,纠正不合理的欲望和错误观念,学会面对现实和应对现实;使求助者学会理解他人,增强自知之明;协助求助者构建合理的行为模式。音乐治疗是指运用音乐活动的各种形式,包括听、唱、演奏等各种手段对求助者进行刺激,通常在音乐放松治疗室中进行,让求助者根据音乐所营造的氛围,用心体验自己的情绪或感受,以达到身心健康的目的。

(二)神经症的药物治疗

抗焦虑和抗抑郁等药物并不能"根治"神经症,但症状严重或心理干预不起效时,应首先使用药物控制病情。中度以上抑郁发作患者当首选进行药物治疗,且要遵医嘱、足剂量、足疗程地坚持治疗。阿普唑仑、地西泮等苯二氮䓬类药物是最为广泛使用的抗焦虑药,具有抗焦虑作用强、起效快等特点。目前临床上一线的抗焦虑和抗抑郁药物主要包括选择性5-羟色胺再摄取抑制剂,其代表药物有氟西汀、帕罗西汀、舍曲林、氟伏沙明、西酞普兰等;5-羟色胺和去甲肾上腺素再摄取抑制剂,其代表药物有文拉法辛和度洛西汀等;去甲肾上腺素和特异性5-羟色胺能抗抑郁药,其代表药物有米氮平等。

第四节　大学生性心理卫生

一、性与性心理概述

性是人类的本能之一,是人类得以生存和繁衍的基础。人类的性不仅是生命实体的存在状态,同时被赋予了精神和文化内涵。性心理是指在性生理的基础上,与性征、性欲、性行为有关的心理状态与心理过程,也包括了与他人交往和婚恋等心理状态。性行为是指为满足性欲和获得性快感而出现的活动。狭义性行为即性交;广义性行为包括接吻、拥抱、自慰、口交等与性关联的行为。人类性行为具有持续性、隐秘性、排他性、社会性及圣洁性等特点。

(一)性心理发展的背景

个体的性心理发展具有一定的规律性、阶段性与连续性,每一发展阶段都会表现出某些典型的心理属性,主要跟性的自然属性和性的社会属性密切相关。

1.**性的自然属性**　弗洛伊德学说认为,心理发展的动力来自性本能,追求性欲的满足就是心理发展的内驱力。性生理的发育成熟是性心理和心理活动的生理基础,是性的自然属性。性生理发育成熟的最基本标志是男性出现遗精或梦遗,女性出现月经来潮。性生理是性心理发展的生物学基础,性生理发育的障碍或缺陷,会使性心理的发展出现偏差,甚至对性心理健康产生明显的影响。性心理

弗洛伊德的
人格理论

的发展首先有其生理物质基础。遗传基因、脑内分泌的促性腺激素和性腺所分泌的性激素对性心理都具有不可忽视的影响。

2.**性的社会属性**　性心理受家庭、宗教、人际关系、文化道德与法律等因素影响。每个人都是被社会文化塑造的人,一定社会中的性文化观念、性道德、性行为方式对个体的性心理发展也具有深刻的影响。在社会文化中,传媒对人们的性态度和性生活方式具有重要的影响。家庭教育对孩子的性心理具有关键性的影响。首先是父母对性的态度,其次是父母对待孩子性别的态度,两者都会对孩子的性心理发展产生影响。个人在儿童期和成年期内所经历的某些偶然事件,必定也会对性的发展产生一定的影响。

(二)青春期性心理发展

青春期是指从童年向青年过渡的时期,是人生长发育过程中的一个特定阶段。主要表现为以下三个特征:一是第二性征显现(女子表现出乳腺发达、骨盆宽大、音调高等,男子表现出长胡须、喉结突出、音调低等);二是体格生长突增到基本完成(表现为体格及骨骼发育迅速加快到基本完成);三是心理行为逐渐成熟(表现出较多的逆反、盲目自信等心理行为)。青春期性心理发展大体经历以下三个阶段:

1.**异性疏远期**　青春期开始,一系列生理变化使青少年对性的差别特别敏感,惊恐不安、羞涩与反感交织在一起,彼此便疏远起来,对异性采取冷漠的态度,在学习、活动中男女界限分明,即使童年时代亲密无间的异性朋友此时也会不自然地躲避。

2.**异性接近期**　此期情窦初开,男女有了彼此接近的内在需要,但此时异性间的亲近感具有广泛性,仅仅表现为异性间的吸引,多属于性朦胧的自然流露,两性关系完全处于一种似懂非懂的状态。此时的男女往往分不清好感与爱恋的区别,常会造成困惑和苦恼。

3.**两性恋爱期**　此期男女之间的友情集中寄予某一个钟情的异性身上,互相爱慕以至产生恋爱。这是性意识发展的必然产物。

二、大学生性心理的特征

(一)大学生常见的性心理特征

随着性心理的发展,大学生多表现出一系列共同的性心理,如对性知识的兴趣、对异性的好感、性欲望、性冲动、性幻想、性梦、性自慰等特性。大学生常见的性心理特征表现为:性器官和性生理迅速发展与性心理尚未成熟的矛盾;对恋爱的渴望与对异性心理了解不深的矛盾;开放的性观念和表现文饰性的矛盾;性的身心需求与社会规范和道德责任的矛盾;情感依赖较重,心理承受能力薄弱;注重恋爱过程,轻视恋爱结果;主观学业第一,客观爱情至上。大学生这些常见的性心理矛盾冲突导致了性心理问题,甚至是性心理障碍。

(二)大学生性心理的特征因性别而存在差异性

1.**性格方面** 女性情感外向、细腻、多愁善感、爱叨唠、挑剔、批评爱上纲上线、较勤奋、有恒心、较柔顺;男性情感内向、现实、豁达、忍让、妥协、常沉默、较粗疏大意、易冲动、粗暴、较勇敢、果断、刚毅。

2.**生活习惯方面** 女性爱整洁、有秩序、爱抱怨;男性对生活的随意性较大,对舒适的要求大于对形象的关注。

3.**需求心理方面** 女性渴望被人关心、被了解、被尊重、对其忠诚、被认同;男性渴望被信任、被接受、被感激、被赞赏、被肯定。

4.**思维方面** 女性凭直觉、喜欢分析、喜欢变化、喜欢具体事物,易依赖顺从别人的意见,遇困难时因不知所措而需要更多的表达;男性讲究逻辑、喜欢综合、喜欢稳定、喜欢抽象、爱发号施令,遇到问题时喜欢静思解决方法。

5.**性冲动方面** 男性易被视觉刺激所引起,如女性形象,或裸体的艺术品、图片等;女性虽然也能被各种带有"性"色彩的视觉形象所引起,但更易被触觉和听觉刺激所引起。

三、大学生性心理问题及调适

大学生处于性生理发育成熟而性心理尚未完全成熟时期,性心理问题成为大学生性心理卫生的主要问题。从性生理成熟到以合法的婚姻形式开始正常的性生活,这一过程一般要在 10 年以上,这一时期被称为"性饥饿期"或"性待业期"。大学生正处于这一特殊时期,常见的性心理问题及调适包括以下几个方面。

(一)性认知偏差

1.**性认知偏差的主要表现** 一份对 319 名不同年级的理、工、文科大学生的抽样调查显示,大学生中对性问题存有矛盾心理的占 55%,感到敏感的占 53%,感到神秘的占 36%,无所适从的占 28%,害怕的占 17%,厌恶的占 10%。由此可见,不少大学生对"性"持有不正确的认识,视"性"是下流的、肮脏的、见不得人的、难以启齿的等。此外,有的大学生表现出与年龄不相吻合的性"纯洁",把性欲与爱情完全割裂开来;而有的大学生信奉"性自由""性解放",不择手段地获得性满足。这种性认知、性情感、性态度的偏差是一种不健康的性心理表现,亦是引起一系列性心理障碍的重要因素。

2.性认知的调适

(1)加强性和性器官有关的性知识教育,纠正错误的性认知、性情感、性态度。大学生应该具有与其年龄和文化程度相吻合的性知识水平和性行为方式。

(2)加强自身性道德建设,性行为符合社会的道德规范。大学生在性道德方面坚持相爱原则、无伤原则、自愿原则和婚姻缔约原则。

(二)两性交往不适

大学生正处于渴望交往、理解和尊重的心理发展时期,通常有强烈的两性交往的需求与冲动。一部分低年级大学生,他们与异性交往时常感到不自在,表现为脸红、心跳加快、语无伦次、手足无措等。缺乏或不善于与异性交往常会引起大学生的烦恼,是导致大学生性心理不良的主要原因之一,"异性恐惧症""青春期敏感"多由此而来。

从性心理卫生的角度看,男女交往可满足彼此的心理需求(尤其是性心理需求),有助于达到性心理平衡。男女交往有助于彼此加深了解,丰富生活,陶冶情操,取长补短;男女交往也是完善人格的重要渠道。大学生要学会通过与异性的正常交往,培养与异性正常交往的能力。通过积极参加与异性一起的集体劳动或文体活动(如跳交谊舞等),丰富自己的业余生活,也有助于对"异性恐惧症"进行脱敏。

(三)性冲动困扰

1.性冲动困扰的主要表现　一份对319名大学生的调查发现,平时有性冲动的占87%(其中男生为96.3%,女生为68.7%),但对自己的性冲动感到羞愧的占36%,自责的占33%,苦恼的占26%,困惑的占22%,厌恶的占17%,恐惧的占12%。性冲动是随生理的发育、性功能的日趋成熟、性意识的产生而产生的。不少大学生常难以接受自己的性冲动,一方面是性的自然本能的冲动,另一方面是对性冲动的否定的批判态度,两方面的矛盾导致了性心理困扰。

性冲动是指在性激素和内外环境刺激的共同作用下,对性行为的渴望与冲动。它常伴有生殖器官的充血以及心理上的激动和欣快,是生理和心理的综合反应。男、女学生从青春期开始,都会产生性冲动,只是引起的原因有所不同。性冲动是一个健康大学生正常的生理和心理反应,并不是不纯洁、不道德或可耻的。

2.性冲动的调适　大学生对待性冲动的常用方式主要有压抑、升华和宣泄等三种。

(1)压抑。这是大学生较常用的应对方式之一。调查显示,62.4%的男生、33.6%的女生感到自己有性压抑感。加强对自我行为的约束,适度的压抑并不会使情欲发生畸变,它是社会化的需要,也是一个人性心理健康的反映。当然,过度的压抑是不利于身心健康的,因此,应尽量避免过度接触一些性刺激的情境以减少性冲动,同时要转移注意力以达到转移性能量的目的。例如,积极参加一些有益于身心健康的集体活动和自己感兴趣的文体活动。

(2)升华。即由一种积极的、富有建设性的、能为社会所接受的方式来取代性欲、转移性欲。通过绘画、音乐、体育活动、娱乐、男女交往、从事劳动、艺术创作等途径使性能量得以转移,有助于性能量得到释放。弗洛伊德认为,对性冲动的升华创造了文学、艺术和社会文明。一个人格健全的人往往能适时适度地升华性欲,而不是被性冲动所奴役。

(3)宣泄。宣泄是指以某种性的方式获得性冲动的满足,最直接的方式是性交。对大学生来说,手淫是常见的方式,寝室中的男女话题,厕所文化、课桌文化中的性描写,观看有关性的书刊、视频等均有宣泄的作用。然而,性宣泄不只是一个生理过程,其方式应该符合社会规范,有益身心健康。性宣泄方式有健康的、正当的,也有不健康的、不正当的。比如,过度手淫是有害的,而通过讲或写下流话来发泄性欲是不文明的,损害公物或性侵犯等更是违法犯罪行为。

(四)性行为失误

1.性行为失误的主要表现

(1)婚前性行为。大学期间的校规、社会舆论和大众习俗并不赞成大学生的婚前性行为。恋爱中的男女青年独处时常会产生强烈的相互吸引、相互爱抚、接吻、性交等满足性欲的性行为。大学生的婚前性行为常不为社会和道德所接受,因而容易引起心理上的冲突,一旦被他人知道,就会羞愧难当。性行为的发起者多是男性,而直接受害者往往是女性,尤其是一旦意外怀孕,男女双方更是惊慌不安,很容易给双方的身心健康造成严重损害及其他不良社会后果。

(2)性心理偏差行为。表现为窥视、恋物行为。一份对218名大学生(其中男生150名)的调查表明:男生中有窥视行为的占35.3%,其中"有时"和"经常"者占12.7%;有恋物行为的占17.3%,其中"有时"和"经常"者占6.0%。这类行为多属窥视和恋物倾向,是因正常性对象、性方式的需求不能满足而致的一种补偿性性行为,是一种非理性的性宣泄方式,多属于正常心理范围内的偏差,不能简单地以"窥视癖""恋物癖"等性变态定义。

2. **性行为失误的纠正** 大学生要加强性道德观念,树立正确的恋爱观,正确地处理好爱情与性的关系,从而避免婚前性行为及由此带来的不良后果。有窥视、恋物行为倾向的人往往缺乏与异性的交往,个性内向孤僻,内心冲突明显,性压抑较严重。改变窥视、恋物行为的重点是增强自身的性道德观念,采取合理的性能量释放方式,其中关键是学会与异性交往而脱敏对异性的冲动。这类人通过自我调适和心理咨询往往能有效地改变性偏差行为。

(五)自慰行为

自慰行为又称手淫,指用手或物等刺激自己的生殖器官引起性快感、性满足感的行为。一份对600名男性大学生的调查显示,有一次以上的手淫者占79.5%,习惯性手淫者占17.5%。另一份对319名大学生的调查发现,认为手淫有伤身体的占57%,难为情的占43%,认为会导致阳痿、早泄的占28%,认为是下流的占21%,认为是罪恶的占14%。由此可见,大学生普遍存在手淫相关性担忧、恐惧、羞愧和罪恶感等现象,手淫是困扰大学生的主要性心理卫生问题之一。

习惯性手淫者越沉溺于手淫之中不能自拔,越容易陷入紧张不安及烦恼之中,甚至因为手淫而出现了焦虑与抑郁情绪。其实适当的手淫不但对身体无害,而且对身心健康都有积极的影响,可以满足自己的性需求而缓解性压抑。不少大学生在接受性知识教育或心理咨询后,一旦明白适度的手淫是安全的,也是合法的、合乎伦理的,有利于释放性能量,通常心理负担能得以解除,手淫的欲望和行为反而减少。需要指出的是,长期频繁地手淫会引起大脑高级神经和性神经反射的功能紊乱,从而影响人的身心健康。

(六)经期烦恼

月经是女性的一种正常的生理现象,部分女生月经期会出现一些生理和心理变化,如情绪易波动、烦躁、腰酸腿痛、易疲劳等症状。这些都属于经期的正常反应,一般不影响正常的工作、学习和生活。有些女生每次在月经来临前就担心害怕会有严重的身心反应,这种期待性的焦虑不安会导致或加重不适感。部分女生受到错误观念的影响,认为月经是不干净的且见不得人,产生自认为"倒霉"的厌恶心理及不良情绪。

经期烦恼的自我调适:

(1)了解经期的规律和特征,对这些生理和心理变化要有一定的心理准备。

(2)经期尽量避免劳累,适当减轻学习压力,避免做出情绪化的决策。

(3)多做让自己心情愉悦的事情,如听音乐、看电影、会朋友、散步等。

(4)积极的自我心理暗示,有利于减轻经期的身心反应。

（5）寻求医疗机构的专业帮助，尤其是经期综合征比较严重的女生。

(七)性焦虑

1.性焦虑的主要表现 性心理的矛盾、冲突以及各种性适应不良都会引起性焦虑。以下着重讲解大学生在形体、性角色和性功能方面的焦虑。

（1）形体方面。一些大学生集中表现在与自己性别相关形体特征上的不安。例如，男生希望自己魁梧高大，女生希望自己苗条漂亮。男生会因自己矮小、瘦弱而自卑；女生会因自己过胖、长相平平而苦恼。部分男生会对生殖器的发育状况，部分女生会对乳房的大小过于敏感，并为此心事重重。有些大学生还为脸上的"青春痘"而烦恼不安。

（2）性角色方面。不少男生常感到自己缺乏男子汉的气质，不够强悍、霸气；一些女生则觉得自己缺乏女人味，不够细心、温柔。有些男生为了使自己像个男子汉而故作深沉，或表现出大胆、粗鲁的行为，甚至以打架、冒险等来显示自己男子汉的形象。

（3）性功能方面。担忧自己的性功能障碍(比如出现阳痿、早泄、性冷淡等)，对自己的性功能产生怀疑。调查发现，有44%的大学生担忧自己的性功能问题，甚至为此忧心忡忡、愁眉苦脸。

2.性焦虑的自我调适 性焦虑对大学生性心理发展的影响较大，一般通过加强对性知识的科学认知及性教育可以起到明显的改善作用。对大学生来说，重要的是要树立健康的审美观，同时接受自身的现实，不怨天尤人，注意扬长避短。如果对自身的性生理心理有疑惑，则应及时寻求心理咨询方面的专业帮助，不可独自敏感多疑、无事生非。此外，性器官或性功能焦虑症属于性神经症范畴，具体诊治参照"大学生常见神经症及防治"章节的相关内容。

四、促进大学生性心理健康的途径

性心理健康是身心健康的重要组成部分，近年来性心理健康教育越来越受到人们的重视。

(一)大学生性心理健康的概念与标准

1.性心理健康的概念 性心理健康是指通过丰富和完善人格、人际交往和爱情方式，达到性行为在肉体、感情、理智和社会诸方面的圆满与协调。

2.性心理健康的标准 对自己的生理性别认同与悦纳，具有与生物性别一致的社会性角色行为，能正确认识和处理自己的性行为带来的后果，并能有社会责任感，在婚姻前提下的性生活符合男女平等、科学、卫生的原则。

（二）促进大学生性心理健康的重要途径

加强性心理健康教育是促进大学生性心理健康的重要途径。大学生需要掌握科学的性知识，满足与异性交往的需求，自觉抵制不良的性刺激信息，丰富自己的业余生活，合理调控性冲动，必要时求助于心理咨询机构等。此外，大学生树立科学的恋爱观及正确认识婚前性行为的后果等，也是促进性心理健康的重要途径。

1.树立科学的恋爱观　据相关调查报告，大学期间有过恋爱经历的占70%，其中37.4%的大学生谈恋爱的动机在于消除寂寞，57.6%的大学生认为恋爱的目的是"体验爱情的幸福""充实大学阶段的生活""赶恋爱风的时髦"等。由此可见，现今相当一部分大学生谈恋爱不以婚姻为最终目标，更注重的是体验恋爱的过程。大学生谈恋爱的现象较为普遍，"爱情"是大学校园里经久不衰的话题，因此，树立科学的恋爱观具有重大的现实意义。

（1）提倡志同道合的、纯洁的爱情，明确人类爱情的内涵与意义。爱情是一种以异性之间感情为基础，具有强烈的相互吸引力和愉悦体验的高级情感。大学生恋爱应把具有共同的理想、信仰和追求放在首要地位，把心灵美好、情操高尚、心理相融作为择偶的第一标准。

（2）要懂得爱情是一种责任和奉献，忠诚与信任是爱情的保证，彼此尊重和友谊是爱情的基础。恋爱过程中对待感情要严肃认真，专一性与排他性是人类爱情的核心。在恋爱过程中，应多一些理解、信任和宽容，互相尊重，共同进步。

（3）要正确处理爱情与性爱的关系，性爱是爱情的构成成分之一，没有爱就不是爱情，没有性也不是爱情。纯洁的爱情及精神恋爱不是没有性，而是性受到了压抑，压抑的原因是社会法律和道德客观条件方面制约以及主观上不允许。

（4）正确处理爱情与学业之间的关系，始终坚持把学业放在首位。摆正爱情与学业的关系，不要把宝贵的时间和主要的精力都用于谈情说爱而放松了学习。只有同学业结合的爱情，才有旺盛和持久的生命力。

（5）正确面对恋爱过程中的问题。大学生要学会正确处理恋爱过程中的各种感情纠葛问题，要自觉地避免相关不良行为及后果。不良行为主要包括过度亲昵、婚前性行为、玩弄异性、三角恋爱、畸形恋爱、失恋自杀及报复行为等。

2.正确认识婚前性行为的后果　大学生婚前性行为不利于男女双方的自身发展和身心健康，尤其是对女生带来的负面影响会更大。

（1）大学生婚前性行为可能导致未婚先孕。男女恋爱中的性行为具有突发性、自愿性和非理性等特点，一旦开始一次便会多次发生。性交不采取避孕措施就很容易导致未婚先孕,大学生通常还没有对此做好心理准备,往往会选择流产。如果选择非正规渠道流产,不但对身心健康的影响很大,而且可能导致婚后不孕不育的恶果。如果选择生育,则所生的孩子没有合法的地位,不仅破坏了国家计划生育政策,而且不利于子女的成长和社会的稳定。

(2)婚前性行为影响正常的恋爱关系,甚至造成婚后生活不幸。在恋爱过程中,一旦轻率地发生性行为,男女之间的爱情容易变味,失去圣洁感、神秘感。男女大学生的性心理也不够成熟,彼此之间常缺乏深入的了解,发生婚前性关系之后发现对方不适合自己,这时就进退两难了。如果选择勉强结婚,这样的婚姻关系是不幸福的。如果选择就此分手,可能给以后的婚姻生活带来心理阴影,甚至最终导致离婚的风险性增高。相关研究表明,有婚前性行为的人的婚姻满意度普遍低于没有婚前性行为者,婚前性行为影响了婚姻的质量。

(3)婚前性行为容易产生心理冲突与压力,甚至导致性心理障碍。性行为需要安全、舒适的环境,而大学生一般是在相对隐蔽的环境下进行性行为,内心会充满恐惧和紧张,容易导致性功能障碍。女生发生亲密行为后容易产生依赖感,希望彼此走进婚姻的殿堂,而男生容易产生厌倦感,随之发生争吵,给双方都造成巨大的心理压力。女生怀孕后流产加之学业繁重会对身心健康造成极大的伤害。婚前性行为常给女方造成心理上的阴影,甚至让女方产生伴随终生的内疚与负罪感。

(4)婚前性行为有传染性疾病的危险。性关系混乱是造成性病蔓延和流行的主要原因。未婚男女得了性病以后,常常"讳疾忌医",不敢去正规医院诊治,而去找无资质的"医生"诊治,耽误病情,造成十分严重的后果。

复习思考题

1. 简述健康心理的定义、内涵及标志。

2. 结合自身实际,谈一谈大学生的情绪情感困扰及调适方法。

3. 大学生常见的适应障碍有哪些? 如何调适?

4. 大学生常见的人际交往障碍有哪些类型? 如何调适?

5. 大学生常见的网络心理障碍有哪些类型? 如何调适?

6. 大学生常见的择业心理问题有哪些类型? 如何应对?

7. 简述神经衰弱与抑郁症的主要症状区别。

8. 简述恐惧性神经症与焦虑性神经症的主要症状区别。

9. 大学生常见的性心理问题有哪些?

10. 大学生婚前性行为可造成哪些后果?

第四章　性与生殖健康

性是一个古老而永恒的话题。随着人类文化和生活水平的不断提高,人们对性与生殖的健康要求也越来越高。性与生殖的健康,已成为积极健全的人格、丰富和成熟的人际交往、坦诚与坚贞的爱情和夫妻关系的标志。

第一节　生殖健康

生殖是人类延续生命的活动,维系着人类的神秘、魅力、激情、幸福与欢乐。生殖健康关系着社会、家庭、个人的安康和幸福,是健康之首。

一、生殖健康的定义

1994 年,国际人口与发展会议将生殖健康定义为:生殖健康是指与生殖系统及其功能和过程所涉一切事宜,包括身体、精神和社会等方面的健康状态,而不仅仅指没有疾病或虚弱。

这表达了男女均有权获知并能实际获取他们所选定的安全、有效、负担得起和可接受的计划生育方法,以及他们所选定的、不违反法律的调节生育率的方法,有权获得适当的保健服务,使妇女能够安全地怀孕和生育,向夫妇提供生育健康婴儿的最佳机会。

综上所述,生殖健康的主要内容可归纳为以下六点:

(1)人们能够有满意而且安全的性生活。

(2)有生育能力。

(3)可以自由而且负责任地决定生育时间和生育数目。

(4)夫妇有权知道和获取他们所选定的安全、有效、负担得起和可接受的计划生育方法。

(5)有权获得生殖健康服务。

(6)妇女能够安全地妊娠,并生育健康的婴儿。

二、受精、妊娠、分娩

(一)受精

成熟的精子与卵子互相结合,形成新的细胞,称为受精卵,这一结合过程称为受精。

性成熟的女性在每个月经周期的排卵期间,都有一个成熟的卵子从卵巢排出,排出的卵子可存活 24~48 小时。此时,卵子即被吸引至输卵管内,再借输卵管本身的蠕动和管内的纤毛运动作用,向子宫方向推进。在男性射精,精液进入阴道后,精子借其尾部的运动向输卵管内游动,与卵子相遇,即发生受精。精子有受精能力的时间为 48 小时左右,因此,在女性排卵前后的 48 小时左右完成性交,即有受孕的机会。受精的场所为输卵管的外 1/3 处,即输卵管的壶腹部。

健康男性一次射出的精子为 2 亿~5 亿个,但在到达输卵管的过程中有相当大的损失,能接近卵子的精子仅有 200 个左右,最后使卵子受精的一般只有 1 个。

若一切条件适合,精子与卵子在壶腹部相遇,在相互靠近即将接触的一瞬间,精子顶部的酶便释放出来。在酶的作用下,精子可穿过卵子外面的各层"屏障"而进入卵子内和卵子结合,完成受精并形成受精卵。

性别是由染色体决定的,女性为两条相同的性染色体,即 XX;男性为两条不同的染色体,即 XY。而卵子或精子内只含有一条性染色体,卵子内的性染色体是 X;精子内的一条性染色体,有的是 X,有的是 Y。如果含有 X 性染色体的精子与卵子结合成受精卵,发育成的子代就是女孩(XX);如果含有 Y 性染色体的精子与卵子结合成受精卵,发育成的子代就是男孩(XY)。由此可见,一个人的性别在受精的一刹那,即精子与卵子结合的时候就已经决定了,而且取决于男性精子中所含的性染色体。所以一对夫妻生男生女取决于丈夫。

完成受精后,受精卵在输卵管的收缩作用下,慢慢向子宫方向移动,边移动边进行细胞分裂,由 1 个细胞变成 2 个,再变成 4 个……接下来便是植入子宫内膜而着床,从母体获得营养得以继续生长发育,并逐渐分化成许多不同的组织和器官。妊娠前 8 周为胚胎期,9~40 周为胎儿期。

(二)妊娠

1. 妊娠的生理变化

(1)停经。多数女性妊娠的最初变化是月经停止。怀孕后,女性激素的持续分泌抑制了排卵,其间不再有周而复始的月经了。但月经停止绝不意味着怀孕,疾病和情绪紧张也有可能使月经推迟,偶尔也会出现毫无原因的停经。诊断是否怀孕,可以去医院做尿妊娠检查。

(2)恶心和呕吐。有一半以上的女性在怀孕第 2 个月时开始有恶心和呕吐的妊娠反应,或对某种食物或气味反感。这是由于受孕后黄体分泌激素增加,抑制胃的活动而引起的。通常在怀孕第 4 个月以后恶心和呕吐的症状会慢慢消失。

(3)乳房变化。怀孕 6～8 周时,由于人绒毛膜促性激素增加,刺激乳房,孕妇有乳胀感,有时有压痛。8 周后乳房胀大,乳晕加深,乳房周围有小结节,16 周后出现初乳,但还不会有乳汁分泌。

(4)小便频繁。怀孕 8～12 周,由于子宫增大压迫膀胱而引起小便次数增加。怀孕 12 周以后,子宫逐渐上升,离开盆腔到达腹部,对膀胱压迫减少,尿频现象会慢慢消失。在临分娩前儿周,由于胎儿进入盆腔又会压迫膀胱,再次出现尿频现象。

(5)其他系列症状:

怀孕中期,因便秘或盆腔脏器压迫直肠血管很易引发痔疮;血容量增加可能出现鼻血;全身水潴留增加可引发水肿,水肿以面部、手、脚、踝等处较为明显。

怀孕后期可引起很多不适,例如,肺部受压可引起气短,胃受压常引起消化不良,肚脐向外鼓出等,多数孕妇感到乏力。怀孕第 30 周是不适的高峰期,以后开始缓解,直至分娩。

胎动感觉。经产妇在怀孕 16 周、初产妇在怀孕 18 周后开始感觉到胎动。

腹部增大,体重增加。随着怀孕周数的增加,子宫越来越大,腹部也就逐渐增大,4 个月以后就越来越明显。到后期,随着腹部的增大,体重也明显增加。由于增加的体重大量集中在身体的前面,在一定程度上影响了身体的平衡,孕妇往往采取一种特殊的"摇摆"步态,而这样又往往导致腰痛。妊娠后期腹部还常出现粉红色或青色的条纹,称为妊娠纹,稍感痛痒。

2.胎儿成长过程

0～4 周(怀孕 1 个月)。胎儿的身长只有 0.7 厘米,尚未成形,因此被称为"胚芽"。

5～8 周(怀孕 2 个月)。胎儿身长 2.8～3 厘米,体重约 4 克。用 B 型超声波可见胎儿的心脏搏动,眼睛、嘴、耳均已成形。

9～12 周(怀孕 3 个月)。胎儿心脏、肝、胃、肠等器官均已成形,外生殖器已发育,四肢可活动;身长约 9 厘米,体重约 20 克。此时易发生流产,所以孕妇举手投足都应该特别小心。孕妇不要照 X 线,不乱服药,谨防感冒。

13～16 周(怀孕 4 个月)。胎儿身长约 18 厘米,体重约 180 克,皮肤呈红色。孕妇此时应避免劳累,定期检查。

17～20周(怀孕5个月)。胎儿有体毛出现,皮肤薄。此时孕妇有胎动感觉。胎儿身长约25厘米,体重约250克,头特别大,约占身长的1/3。

21～24周(怀孕6个月)。胎儿身长约30厘米,体重约650克。长出了头发、眉毛和眼睫毛,全身上下被一层细细的软毛覆盖。耳、鼻、口和脸轮廓也趋于明显,皮下脂肪激增。

25～28周(怀孕7个月)。子宫已经增大到肚脐上方3厘米的地方。胎儿身长约35厘米,体重1000～15000克,性别已经明显。孕妇应注意不要着凉,防止便秘。

29～32周(怀孕8个月)。胎儿身长约40厘米,体重1500～1800克,可听到胎儿的心音。孕妇要注意保持身体的平衡,不要摔倒;要预防妊娠高血压综合征;避免性生活,以防早产。

胎儿的形成

33～36周(怀孕9个月)。胎儿身长45～47厘米,体重2000～2300克,皮下脂肪增厚。孕妇此时要随时做好入院分娩的准备,洗澡时间不可过长,避免长时间站立。

37～40周(怀孕10个月)。胎位已经逐渐下降。胎儿身长约50厘米,体重约3000克,皮下脂肪已完全长成。孕妇须保证充足的睡眠和休息,应一切准备妥当,随时准备入院分娩。如下体突然流出大量羊水或者出血,应立刻入院检查。

胎儿的成长过程如图4-1所示。

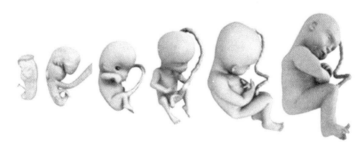

图4-1　胎儿的成长过程

(三)分娩

分娩是成熟胎儿从子宫排出体外的过程。妊娠约持续280天(由最末次月经开始的第1天算起)。分娩前往往有些征兆,例如,排尿次数增多,排尿感到困难,有排便的感觉;下腹部发紧和发痛;腰部出现压迫感;等等。分娩时,由于子宫平滑肌周期性收缩(即宫缩)和腹压作用,可使羊膜、绒毛膜破裂,羊水流出,最后胎儿娩出。

第二节　常见生殖系统疾病

生殖健康问题可分为男性生殖健康问题与女性生殖健康问题两方面。

一、男性生殖健康问题

男性生殖系统如图 4-2 所示，其主要健康问题包括前列腺炎、性功能障碍等。

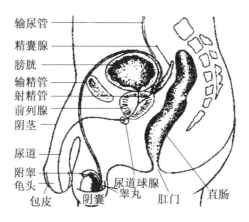

输尿管
精囊腺
膀胱
输精管
射精管
前列腺
阴茎
尿道
附睾
龟头
包皮　阴囊　尿道球腺　睾丸　肛门　直肠

图 4-2　男性生殖系统

(一)前列腺炎

1.**概念**　前列腺炎是由多种复杂原因引起，以尿道刺激症状和慢性盆腔疼痛为主要表现的前列腺疾病。

2.**临床表现**　前列腺炎分急性发作和慢性炎症，多为慢性炎症表现。盆骶部或会阴部有持续胀痛；排尿异常表现为排尿不畅伴尿频、尿急、尿痛；偶发性功能异常。临床检查 B 超显示前列腺肥大增生，直肠指检有压痛。

3.**治疗**　临床治疗以抗生素药物治疗为主，多主张喹诺酮类药物或氧氟沙星类药物。急性发作时抗菌治疗要彻底，避免迁延成慢性炎症。

4.**注意事项**　前列腺炎患者在日常生活中需要注意以下事项：

（1）多喝水。多喝水，多排尿，清淡的尿液对尿道有"冲洗"的作用，可以防止尿道中病菌的繁殖，有利于保持前列腺的健康。

（2）及时排尿。多喝水，就会增加排尿次数，因此需要注意不要养成憋尿的习惯。憋尿会让膀胱过度充盈，从而压迫前列腺。对于前列腺炎患者来说，容易造成尿液返流到输尿管和肾脏,造成肾脏积水。

（3）适当运动。久坐会引起会阴部长期压迫,前列腺血液回流受阻,因此应尽量避免久坐。如果可以的话,尽量在保持坐姿1～2小时后活动10分钟,让会阴部放松。同时,应注意锻炼,以促进前列腺部位的血液循环和淋巴循环。

（二）性功能障碍

性功能障碍包括男性勃起功能障碍、早泄、无射精或逆行射精、异常遗精等。

1. 勃起功能障碍　阴茎勃起以其本身解剖结构、神经反射、血液循环为基础,受内分泌功能等生物因素与心理、社会等非生物因素的影响。具体表现为在性刺激下勃起无力或完全不能勃起。

2. 早泄　早泄是指在未完成满意的性交前发生过早射精,可发生在进入阴道前或刚进入时,其原因多为心理性,太紧张或太兴奋都会导致。

3. 无射精或逆行射精　无射精或逆行射精是指在性交过程中不能达到高潮射精,或随尿液逆流入膀胱内,主要因心理因素或膜部阻力过大所致。

4. 异常遗精　异常遗精是指非性交或手淫状态下的射精,多发生在夜间睡眠时。成年男性正常次数的遗精属正常生理现象,但过多过频的遗精并伴随性功能改变或精神症状者,多属病理现象,需进一步检查、治疗。

男性性功能异常,尤其年轻男性多为心理因素引起,平时生活中注意休息,调整饮食,缓解工作及学习压力,改善伴侣间感情,养成规律的性生活,大多症状会得到缓解。如症状长时无改善,需及时去正规的医疗部门就诊、检查、治疗。

二、女性生殖健康问题

女性生殖系统如图4-3所示,其主要健康问题包括阴道炎、盆腔炎、乳腺增生、月经失调、痛经等。

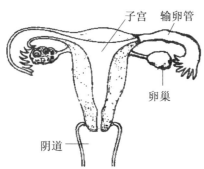

图 4-3　女性生殖系统

(一)阴道炎

1.**病因**　阴道炎是指阴道菌群失调导致外阴及阴道症状(如瘙痒、灼痛、刺激和异常流液)的一组病症。

2.**症状**　临床上常见的阴道炎有:细菌性阴道炎、念珠菌性阴道炎、滴虫性阴道炎、老年性阴道炎、幼女性阴道炎等。一般都有外阴瘙痒或灼热、阴道分泌物增多或有异味、黏膜红肿,或伴有尿频、尿痛等尿路刺激症状。

3.**治疗**　一般阴道炎的药物治疗以外用为主,洁尔阴洗剂或克霉唑栓剂外用。并发盆腔炎或者复发性阴道炎可以联合口服用药,必要时夫妻同治,注意长期口服抗生素可能抑制正常菌群,继发霉菌感染。

(二)盆腔炎

1.**概述**　慢性盆腔炎是指女性内生殖器及其周围结缔组织、盆腔腹膜的慢性炎症,常为急性盆腔炎未彻底治疗迁延所致。产后、人工流产、妇科手术及不良性生活易造成盆腔炎。

2.**症状**

(1)慢性盆腔痛。下腹部坠胀感,腰骶部酸痛,易劳累或经期加重。

(2)不孕或异位妊娠。输卵管炎症粘连堵塞导致不孕。

(3)月经异常。子宫内膜炎可致白带增多,经量紊乱或痛经。

3.**治疗**　盆腔炎急性发作时应用抗菌药物联合治疗;慢性炎症一般以温热物理疗法为主,常用微波疗法、超短波疗法、激光疗法或离子导入疗法等。

(三)乳腺增生

1.**症状**

(1)乳房胀痛。常为胀痛或刺痛,可累及一侧或两侧乳房,以一侧偏重多见,疼痛严重者不可触碰,甚至影响日常生活。

(2)乳房肿块。肿块可发生于单侧或双侧乳房内,单个或多个,好发于乳房外上象限,亦可见于其他象限;肿块形状有片块状、结节状、条索状、颗粒状等,其中以片块状为多见。

(3)乳头溢液。少数患者可出现乳头溢液,为自发溢液,草黄色或棕色浆液性溢液。

(4)情态改变。患者常情志不畅或心烦易怒,每遇生气、精神紧张或劳累时症状加重,情绪稳定或心情舒畅时症状减轻。

(5)其他症状。部分患者会伴有口苦、两肋作胀、不欲饮食、胃胀不舒、大便干燥、失眠多梦等症状。

2.治疗 乳腺增生的治疗以对症治疗为主。单纯性乳腺增生,不需要特殊处理,可自行消退。因精神、情绪引起的乳腺增生可通过自身调节精神、压力,改变不良生活习惯等进行辅助治疗。

病理性乳腺增生可用中药疏肝理气,活血化瘀,以调补气血为原则。配合红外光及离子导入等物理疗法,必要时也用激素调理治疗。

乳腺结节大且存在癌变可能者需考虑手术切除;乳腺肿块质地硬,难以与乳腺癌鉴别时,宜行手术切除、组织活检来明确诊断。

3.自检 每个成年女性都应学会乳腺的日常自检。常用方法是用指腹顺时针按压乳房,如果摸到有散在的颗粒状物体就应该就医,请医生帮助做最终的判断。但不要采取抓的姿势,免得把正常的乳腺组织误当成增生。

(四)月经失调

1.概述 月经失调是妇科常见病,表现为月经周期或出血量的异常,可伴月经前、经期时的腹痛及全身症状。

2.病因

(1)情绪异常。如长期的精神压抑或紧张、重大心理创伤等,可导致垂体激素、卵巢激素分泌异常从而引起月经失调。

(2)寒冷刺激。月经期间受寒冷刺激可使盆腔血管过度收缩引起经量过少甚至闭经。

(3)过度节食。由于机体能量摄入不足,造成体内大量脂肪、蛋白质被消耗,致使雌激素合成障碍进而影响月经量甚至闭经。

3.临床表现 患者可见经期紊乱,经期提前,月经量少或色淡,经期迁延、淋漓不尽,可伴痛经。

4.注意事项 在排除性激素紊乱或器质性病变的前提下,注意经期卫生,防止上行感染,积极预防和治疗可能引起经血潴留的疾病;注意经期保暖,忌寒、凉、生、冷刺激,防止寒邪侵袭;注意休息,减少疲劳;控制不良情绪,保持心情愉快。

(五)痛经

痛经是经行前后、经期出现的周期性下腹痛。

1.临床表现 下腹部疼痛,可伴有面色苍白、恶心、呕吐、全身或下腹部畏寒,大便频数,剧痛时可发生虚脱。

2.防治方法 首先进行解说和安慰,并提出一般性的处理方法,如休息、热敷下腹部等。其次合理使用药物,如吲哚美辛栓、布洛芬、避孕药等。

（六）宫颈癌

宫颈癌是妇女常见的恶性肿瘤之一，严重危害妇女的生命健康。据世界卫生组织/国际癌症研究机构（WHO/IARC）2012 年数据显示，宫颈癌已成为女性第四大恶性肿瘤。检查宫颈癌的有效方法就是进行宫颈癌筛查，可选择做液基薄层细胞检测（TCT 检查）或人乳头瘤病毒（HPV）检测来筛查宫颈癌。对于过早有性生活的女性来说，更需要注重宫颈癌的筛查。

第三节　优生优育与有效避孕

一、无保护性行为对生殖健康的影响

国务院妇女儿童工作委员会办公室、联合国人口基金会、北京大学人口研究所于 2010 年 5 月发布《中国青少年生殖健康调查报告》称，2009 年对 1.64亿 15～24 岁未婚青少年性与生殖健康调查显示：60％的被调查者对婚前性行为持比较宽容的态度；22.4％的被调查者曾有性行为，其中超过半数者在首次性行为时未采用任何避孕措施。

由上述调查可知，未婚青少年对婚前性行为持宽容态度的比例较高，这在一定程度上印证了目前婚前性行为发生率升高的事实。而滞后的避孕知识，又导致了性传播、性疾病以及非意愿妊娠发生率显著增高，由此带来的一系列问题如未婚先孕、人工流产、生殖道感染等，成为危害青年女性身心健康的重要因素。女大学生作为青年人中的一个特殊人群，其生殖健康不仅关系到个人和未来家庭的幸福，还关系到国家和人类社会的发展，因此，女大学生的生殖健康问题越来越受到社会的高度关注。

二、非意愿妊娠和应对措施

按照美国疾病控制与预防中心的定义，非意愿妊娠是指女性在一定时间内不想怀孕或在任何情况下都没有怀孕意愿的时候怀孕。它导致的直接结果就是人工流产。

（一）人工流产

在非意愿怀孕的情况下，大多数人会选择终止妊娠，即人工流产。人工流产手术一般在怀孕 3 个月内进行，超过 3 个月，就必须进行引产等风险大、对怀孕女性危害大的手术措施了。

1. 人工流产的方法 人工流产的方法主要有以下几种：

（1）刮宫。刮宫是早期人工流产最常采用的方法，即采用医用妇科吸引器吸出宫腔内胚胎组织而达到终止妊娠的目的。该方法简便有效，手术时间短，但对子宫内膜组织有一定的损伤。

（2）药物流产。药物流产是指使用药物使胚胎组织停止发育并排出体外而达到终止妊娠目的的一种人工流产的方法。该方法相对对组织损伤小，无痛，但存在排出胚胎组织不干净而引起大出血及感染的风险。

（3）引产手术。若怀孕 3 个月以上需要终止妊娠时，就必须通过手术把胎儿从子宫内取出。

以上人工流产方法都存在着大出血、子宫穿孔、宫腔感染最终导致育龄妇女不孕的风险。虽然有些女性在人工流产手术后自我感觉无不适，但流产手术毕竟扰乱了身体的正常生理，也可导致月经不调、月经量过多或过少、性欲减退等现象，因此应尽量避免人工流产。

2. 人工流产后的养护

（1）人工流产后尽量不做体力活，至少 3 日内停止任何剧烈运动。

（2）如果出现阴道出血量多、腹痛、呕吐或高热等情形，应立即找妇科医生诊治。

（3）人工流产 2～3 个星期内禁止用卫生棉条，防止炎症发生。

（4）人工流产后 1 个月内禁止性行为。

（5）多次人工流产对身体伤害很大，有可能导致不育，手术需谨慎。

（二）如何避孕

在日常生活中，根据自身健康情况而做好有效的避孕，选择合理的避孕方法，对女性生殖健康有着重要意义。

（1）月经量较多或月经周期不准者首选口服避孕药。

（2）有心、肝、肾、内分泌等疾病的患者首选避孕套、避孕药膜、避孕栓等。

（3）有生殖道炎症、盆腔感染史者首选口服避孕药或皮下埋植。

常见避孕方法如表 4-1 所示。

表 4-1　常见避孕方法

方法	描述	作用机制	防止怀孕的效力	注释
激素类避孕				
复方口服避孕药（COCs）或"避孕药片"	含有两种激素（雌激素和孕激素）	预防从卵巢排放卵子（排卵）	在正确而持续使用的情况下，避孕率＞99％　常用情况下，避孕率＞92％	降低子宫内膜癌和卵巢癌风险；不应在母乳喂养期间服用
黄体酮类药片（POPs）或"黄体素"	仅含有孕激素一种激素，不含雌激素	通过提高子宫颈液浓度阻止精子与卵子结合，并抑制排卵	在正确而持续使用的情况下，避孕率为99％　常用情况下，避孕率为90％～97％	可以在母乳喂养期间使用；必须在每天的同一时间服用
皮下埋植法	在上臂皮下植入体积小而灵活的小棒或胶囊；仅含有孕激素	与黄体素的作用和机制相同	避孕率＞99％	必须由医务工作者植入和移除；根据植入物不同，有效期为3～5年；常见不规则阴道出血，但不会造成身体损害
孕激素针剂	根据产品情况，每2个月或3个月进行一次肌肉注射	与黄体素的作用与机制相同	在正常而持续使用的情况下，避孕率＞99％　常用情况下，避孕率为97％	使用后出现生育恢复延迟（1～4个月）；常见不规则阴道出血，但不会造成身体损害
每月注射针剂或复方避孕针（CIC）	每月进行肌肉注射；含雌激素和孕激素	与复方口服避孕药的机制相同	在正常而持续使用的情况下，避孕率＞99％　常用情况下，避孕率＞97％	常见不规则阴道出血，但不会造成身体损害
紧急避孕（左炔诺孕酮1.5毫克）	在未采取保护措施性交之后5天之内服用；仅含孕激素	防止排卵	将怀孕机会减少60％～90％	不能作为常规避孕方法
宫内节育器（IUD）：左炔诺孕酮	植入子宫内的T形塑料器具，每天定时释放少量左炔诺孕酮	抑制子宫壁（子宫内膜）的生长	避孕率＞99％	减少痛经和子宫内膜异位症状；一些使用者出现闭经（无阴道出血）

续表

方法	描述	作用机制	防止怀孕的效力	注释
非激素类避孕				
男用避孕套	覆盖男性勃起阴茎的外包物或覆盖物	形成阻止精子与卵子接触的屏障	在正确而持续使用的情况下,避孕率为98% 常用情况下,避孕率为85%	同时还阻止性传播感染,包括艾滋病病毒
女用避孕套	置于女性阴道中的宽松外包物或膜,由轻薄、透明而柔软的塑料膜制成	形成阻止精子与卵子结合的屏障	在正确而持续使用的情况下,避孕率为90% 常用情况下,避孕率为79%	同时还阻止性传播感染,包括艾滋病病毒
男性绝育(输精管切除术)	通过阻塞或者切除将精子运送到睾丸的输精管,实现永久避孕	阻止射出精液中含有精子	3个月精液检测之后,避孕率>99% 无精液检测的情况下,避孕率为97%~98%	由于存储的精子仍然存在,因而会延迟3个月出现效果;不影响男性性能力;自愿及知情选择是关键
女性绝育(输卵管结扎)	通过阻塞或切除输卵管,实现永久避孕	阻止卵子与精子结合	避孕率>99%	自愿及知情选择是关键
哺乳期闭经法(LAM)	适用于月经仍未恢复的新生儿母亲的临时避孕措施;仅适用于婴儿不足6个月大、母乳喂养期内的母亲	抑制卵巢排放卵子(排卵)	在正确而持续使用的情况下,避孕率为99% 常用情况下,避孕率为98%	根据孕期母乳喂养的自然作用而采取的临时计划生育方法
宫内节育器(IUD):含铜	植入子宫的小而灵活的塑料器械,含铜套管或铜线	铜成分可破坏精子,并阻止精子与卵子结合	避孕率>99%	使用的前几个月常见月经时间长且量大,但不会造成危害;也可以作为紧急避孕措施使用

第四节 性传播疾病

性传播疾病，是指以性接触为主要传播途径所感染的一组疾病。传统所称的性病包括梅毒、淋病、软下疳、性病性淋巴肉芽肿等，称为经典性病。2013 年 11 月 23 日，国家卫生计生委修订了《性病防治管理办法》，明确了艾滋病、生殖道沙眼衣原体感染、尖锐湿疣、生殖器疱疹等为性传播疾病。

性病因与性行为相伴，发病隐匿；性病由多种微生物感染引起，病种多且复杂；性病传播速度快，潜伏期短，人体普遍没有免疫力，流行范围广。

一、梅毒

梅毒是由苍白（梅毒）螺旋体引起的慢性、系统性性传播疾病，主要通过性途径传播，是《传染病防治法》中乙类传染病管理病种。据国家卫生计生委《2016 年全国法定传染病疫情概况》，梅毒的发病人数是 438199 人，位居甲、乙类传染病的第三位。

（一）传播途径

获得性梅毒（后天）早期梅毒患者是传染源，梅毒患者的皮肤、血液中含梅毒螺旋体，感染后的头两年最具传染性，与其性接触时，皮肤或黏膜若有细微破损则可得病。

（1）直接性接触。直接性接触是最主要的传播途径，95％以上的感染是通过危险的或无保护的性行为传染的。接吻、握手等也可能直接传染。

（2）间接感染。间接感染是通过接触受污染的内衣裤、牙刷、毛巾、剃须刀、餐具、烟嘴、被褥、床单、门把手、便桶及未经消毒或消毒不彻底的医疗器械等而感染。

（3）母婴传播。母婴传播是指患梅毒的孕妇通过胎盘血流将梅毒螺旋体传给子宫内的胎儿，被感染的胎儿为先天梅毒。一、二期和早期潜伏梅毒的孕妇，传染给胎儿的概率相当高。

（二）临床症状

梅毒根据病程可分为一期、二期和三期。

1.一期梅毒 一期梅毒所出现的皮肤或黏膜损害称为硬性下疳（简称"硬下疳"）。梅毒螺旋体通过黏膜或皮肤的微小损伤侵入，在侵入的局部发生红色丘疹、硬结、浸润性红斑及溃疡。溃疡边缘整齐且隆起,触之有一定硬度,不痛不痒,是一期梅毒的特征性损害。一期梅毒传染性很强,发生部位隐蔽,极易传染。

2.二期梅毒 一期梅毒未经彻底治疗,梅毒螺旋体由附近的淋巴结进入血液传播,使全身的组织器官受累,称为二期梅毒。二期梅毒疹的形态多样,如斑疹、丘疹、结节、脓疱、扁平湿疣、脱发、白斑等,皮疹遍及躯干、四肢、颜面及手足、全身性淋巴结肿大、无压痛。

3.三期梅毒 梅毒的病程缓慢,在感染后3～10年皮肤可出现树胶样肿,是三期梅毒的标志性损害。发生在鼻腔内的树胶样肿可使鼻骨遭到破坏,形成塌鼻梁;发生在上腭部时,可使软腭穿孔影响发音;发生在前额或头顶部皮肤上长期不能愈合。这时梅毒螺旋体已遍布全身,已危及生命。

(三)梅毒的防治

根据卫生部《中国预防与控制梅毒规划(2010—2020年)》的目标要求,2020年要做到全国一期和二期梅毒年报告发病率呈下降趋势,实现基本消除先天梅毒,全国15～49岁城市居民梅毒防治知识知晓率达到90%,梅毒患者接受规范诊疗的比例达到90%等目标。要完成上述目标,需要从以下几方面开展工作:

(1)广泛开展宣传教育。各类学校要将梅毒等性病防治知识作为学生健康教育的重要内容,提高学生的自我防范意识和能力,减少青少年学生感染梅毒等性病的风险。

(2)开展综合干预,组织开展正确使用安全套的同伴教育培训,倡导采取安全性行为,阻断梅毒传播。

(3)提高监测检测质量,开展主动检测,促进梅毒早期诊断。

(4)完善性病诊疗服务网络,提供规范化梅毒医疗服务。

(5)要将先天梅毒防治工作与孕产期保健常规工作结合,防控先天梅毒。

(6)加强国际合作和应用性研究,提高我国梅毒防治水平。

二、淋病

淋病是由淋球菌引起的以泌尿生殖系统化脓性感染为主要表现的性传播疾病,是《传染病防治法》中乙类传染病管理病种。据国家卫生计生委《2016年全国法定传染病疫情概况》,淋病的发病人数是115024人,位居甲、乙类传染病的第五位。

(一)传播途径

淋球菌喜潮湿,怕干燥。在干燥的条件下仅能生存1～2小时,在潮湿毛巾上存活 10～24 小时。对热敏感,50℃ 环境下存活 5 分钟,100℃ 环境下立即死亡。对各种化学消毒剂的抵抗力差,在浓度为 1％苯酚内存活 3 分钟。

(1)性接触传染。淋病患者是重要的传染源,性接触是主要传播途径。成人男性淋病患者,99％是通过性交传染的。

(2)非性接触传染。主要是接触了被淋球菌污染的用具而感染。如接触沾有患者分泌物的毛巾、衣裤、床单、浴盆等均可致感染。

新生儿可通过产道被感染。如孕妇是淋病患者,分娩时产道内的淋球菌就会传染给新生儿,导致新生儿眼结膜炎。

(二)临床表现

淋病常表现为泌尿、生殖系统的感染。

1.男性淋病　男性感染淋球菌 2～5 天后,可出现尿道瘙痒、刺痛、尿道口红肿等急性前尿道炎症状;尿道口有少量浅黄色脓性分泌物溢出。

若延误诊治,症状持续 2 个月以上则转变为慢性淋病。淋球菌可隐伏于尿道球腺、前列腺、精囊、附睾和睾丸内,并引发炎症,伴有性欲减退、早泄等性功能障碍。

2.女性淋病　好发于子宫颈和尿道。宫颈炎主要表现为白带增多,常为脓性,有臭味,常有外阴瘙痒及烧灼感,偶有腰痛或下腹痛。尿道炎表现为尿道口红肿,有脓性分泌物溢出,可有尿频、尿急、尿痛及排尿烧灼感。检查出淋球菌即可确诊。

如不及时治疗可导致输卵管炎、盆腔炎。急性输卵管炎还会导致输卵管等部位积脓、积水、粘连、闭塞等,是造成女性不孕和宫外孕的原因。

(三)预防

(1)杜绝滥交。要自觉抵制各种不正当的性行为,避免不洁性生活,坚持使用避孕套,洁身自爱,预防感染。

(2)注意卫生。一是要注意个人卫生,保持生殖器等部位的清洁;二是要注意公共部位的清洁卫生,尽量少使用公共场所的物品。

(3)积极治疗。患者要积极彻底进行治疗,对已治愈的淋病患者要定期进行追踪复查和必要的复治,以求根治,防止复发。

(4)防止非性接触传播。被淋病患者污染的物品,包括被褥、衣服、毛巾等生活日常用品应及时消毒处理;淋病患者禁止与儿童同床、共用浴盆和浴巾等。

三、尖锐湿疣

尖锐湿疣是由人乳头瘤病毒（HPV）感染所致的以肛门生殖器部位增生性损害为主要表现的性传播疾病。尖锐湿疣传染性极强，病情易反复发作，发病率仅次于淋病。

尖锐湿疣主要经不洁性接触而传播，也可通过非性接触传播，如接触被污染的浴巾、浴盆等而感染。在分娩过程中通过产道感染而发生婴儿的喉乳头瘤等病症。

尖锐湿疣男性好发部位依次是包皮、冠状沟、阴茎头、尿道口、阴茎和阴囊等处，肛周的损害可发生在男性同性恋之间。女性患者也可在阴道和宫颈口黏膜处发生。本病初起为红色小疙瘩，逐渐增至米粒大小，由单个逐渐增多，融合，表面呈白色或灰白色，凹凸不平"菜花"样突起，有痒感，根部有蒂，与皮肤粘连，易发生糜烂、渗液，触之易出血，皮损裂隙中常有混浊的浆液或脓性分泌物，散发恶臭。

患本病时女性比男性症状更严重，主要表现为不易根治、易再犯。大量流行病学资料表示，HPV 感染（主要是高危型 HPV，如 HPV-16 型、HPV-18 型）与生殖器癌的发生有密切的关系，如宫颈癌、阴茎癌等。

四、生殖器疱疹

生殖器疱疹是由单纯疱疹病毒（HSV）引起的性传播疾病。该病传染性很强，可反复发作，对病人的健康和心理影响较大，在青年人群中发病率较高。

生殖器疱疹主要通过性器官接触而传播，还可通过胎盘及产道感染新生儿，导致新生儿先天性感染。

Ⅱ型单纯疱疹病毒被认为是生殖器疱疹的病原菌，其主要存在于会阴部。经 3~10 天潜伏期，在外阴部会出现红色小丘疹，迅速发展为小水疱，出现痒、痛等症状。水疱破裂后 10~15 天后自行痊愈。

妊娠女性感染Ⅱ型单纯疱疹病毒后，可导致流产、死产及胎儿畸形。新生儿感染上Ⅱ型单纯疱疹病毒可出现高热、呼吸困难和中枢神经系统症状，约有 60% 新生儿死亡，幸存者常留有后遗症。

至今为止，生殖器疱疹仍然没有特效的治疗方法，Ⅱ型单纯疱疹病毒的感染与生殖器肿瘤可能有密切关系，是宫颈癌的致病因素。

生殖器疱疹的治疗主要采取抗病毒治疗和对症治疗。抗病毒治疗可用阿昔洛韦片口服；局部疼痛者可用利多卡因软膏；细菌感染者可用抗菌软膏；保持局部的清洁干燥；等等。

第五节　艾滋病

艾滋病是获得性免疫缺陷综合征（acquired immunodeficiency syndrome，AIDS）的简称，是由一种人类免疫缺陷病毒（human immunodeficiency virus，HIV）的反转录病毒感染后，造成机体免疫系统受到破坏，出现机会性感染和恶性肿瘤等多种临床症状的综合征。

一、流行现状

自 1981 年美国发现首例艾滋病病例以来，艾滋病在全球迅速蔓延。至2016 年全球共有 3670 万艾滋病病毒感染者，2016 年有 180 万新感染者出现，有100 万人死于艾滋病病毒相关病症。

截至 2017 年 10 月，中国知晓感染状况的艾滋病病毒感染者 66 万人，其中接受治疗的有 49 万人；2016 年报告发病人数为 5.4 万人，死亡 1.4 万人（图 4-4）。新发现的艾滋病感染者以 20～49 岁男性为多。青年学生中感染者上升明显，以男性同性性传播为主。

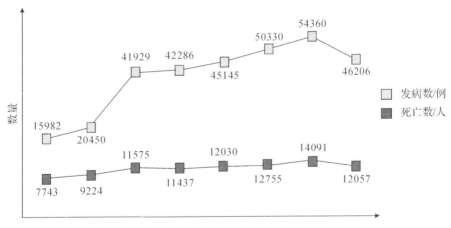

图 4-4　2010 年至 2017 年 10 月我国艾滋病发病数及死亡数

二、传播方式

(一)传染源

艾滋病患者和艾滋病病毒携带者是仅有的传染源。病毒存在于血液及各种体液(如精液、子宫阴道分泌物、唾液、泪液、乳汁和尿液)中,均具有传染性。

(二)传播途径

(1)性接触[图 4-5(a)]。性接触是主要的传播途径。与被感染者发生性关系时,口腔、阴道或肛门黏膜接触到有传染性的体液致感染,占 70% 以上。

(2)血液传播[图 4-5(b)]。由于注射、输血、共用针头或意外被艾滋病病毒污染的针头刺伤而感染。

(3)母婴传播[图 4-5(c)]。患病孕妇在妊娠期间(经胎盘)、分娩过程和产后哺乳等期间将病毒传染给婴儿。

（a）性接触　　　　　（b）血液传播　　　　　（c）母婴传播

图 4-5　艾滋病的传播途径

三、临床表现

艾滋病潜伏期较长,感染病毒后需 2～10 年才发生以机会性感染及肿瘤为特征的艾滋病。在免疫功能还没有受到严重破坏,未出现明显症状前,称为艾滋病病毒感染者。

(一)急性感染期

部分患者感染后 2～6 周,可出现发热、咽炎、淋巴结肿大、腹痛、恶心呕吐、头痛、关节肌肉痛及肝脾肿大等症状,一般可自行消退。

(二)无症状感染期

无自觉症状,仅血清抗 HIV 抗体为阳性。感染者的病毒载量稳定在较低的水平,感染者体内 CD4＋细胞数呈进行性减少。

(三)艾滋病前期

表现为持续性淋巴结肿大。全身至少有两处以上淋巴结肿大,多对称发生,直径 1cm 以上,持续 3 个月以上,质地韧,可移动,无压痛。伴有间歇性发热、乏力、盗汗、消瘦和腹泻、肝脾肿大等,亦可出现原因不明的神经系统症状。

(四)艾滋病期

1.**机会性感染** 机会性感染是艾滋病患者最常见也是最初的临床表现。主要病原体有卡氏肺囊虫、念珠菌、巨细胞病毒、疱疹病毒等。其中,卡氏肺囊虫性肺炎最为常见。起病缓慢,以发热、乏力、干咳和进行性呼吸困难为主要症状。

▶ 防艾宣传:
一站到底

2.**恶性肿瘤** 如卡波西肉瘤、淋巴瘤等同时存在。

四、艾滋病的防控

2017 年 1 月国务院办公厅印发了《中国遏制与防治艾滋病"十三五"行动计划》,在艾滋病的健康教育、艾滋病相关危险行为干预和艾滋病患者的治疗等方面提出了工作目标,将我国的艾滋病继续控制在低流行水平。

(一)有针对性健康宣教

1.**大众人群的健康宣教** 居民艾滋病防治知识知晓率达 85％以上。流动人口、青年学生、监管场所被监管人员等重点人群以及易感染艾滋病危险行为人群防治知识知晓率均达 90％以上。

2.**加强重点人群的宣教** 对于流动人口、青年学生、老年人、出国劳务人员、监管场所被监管人员等重点人群,应当强化艾滋病感染风险及道德法治教育,提高自我防护能力,避免和减少易感染艾滋病行为。

(二)提高综合干预实效

1.**着力控制性传播** 男性同性性行为人群艾滋病相关危险行为减少 10％以上,其他性传播危险行为人群感染率控制在 0.5％以下。

2.**持续减少注射吸毒传播** 参加戒毒药物维持治疗人员年新发感染率控制在 0.3％以下。

（三）提高检测咨询可及性

（1）相关部门要进一步健全实验室网络，构建布局合理、方便快捷的艾滋病自愿咨询检测网络，根据需要设置艾滋病确证检测实验室，提高检测能力。县级以上医疗机构、妇幼保健机构、疾病预防控制机构应当具备实验室艾滋病检测能力。

（2）检测机构要主动为有感染艾滋病风险人员提供检测咨询服务。疫情严重地区要将艾滋病、性病检测咨询纳入婚前自愿医学检查和重点公共场所服务人员健康体检。公安、司法行政、卫生计生部门要加强合作，为打击卖淫嫖娼、聚众淫乱、吸毒贩毒活动中抓获人员以及监管场所被监管人员提供艾滋病检测服务。

（3）检测机构要创新服务方式，强化主动服务意识，通过网络、电话预约等多种手段，方便有意愿人群接受检测服务。探索通过药店、网络销售检测试剂等方式开展艾滋病自我检测，建立健全与随访服务等工作衔接的机制。

（四）全面落实核酸检测

做到经诊断发现并知晓自身感染状况的感染者和病人比例达 90% 以上。持续减少艾滋病的输血传播，使母婴传播率下降到 4% 以下。

（五）提高感染者和病人治疗可及性和及时性

符合治疗条件的感染者和病人接受抗病毒治疗比例达 90% 以上，接受抗病毒治疗的感染者和病人治疗成功率达 90% 以上，累计接受中医药治疗的人数比 2015 年增加一倍。

五、红丝带行动

（一）红丝带的意义

红丝带以红色代表生机、激情和鲜血，象征对艾滋病患者、艾滋病感染者及其照顾者的接纳，倡导尊重艾滋病患者人权，推广预防艾滋病的社会公益活动，象征对艾滋病宣教、防治和研究的支持。红丝带是对 HIV 和艾滋病认识的国际符号。

（二）世界艾滋病日

因第一个艾滋病病例是在 1981 年 12 月 1 日诊断出来的，故在 1988 年 1 月，世界卫生组织把每年的 12 月 1 日定为世界艾滋病日。建立世界艾滋病日的目的是：

（1）让人们知道，艾滋病是能够加以控制和预防的。

（2）让人们知道，防艾重要的就是每个人都要对自己的行为负责。

（3）通过艾滋病日的宣传，唤起人们对艾滋病病毒感染者的同情和理解。

（4）支持各国家制定艾滋病防治规划，唤起全球人民共同行动起来支持防艾工作。

（三）《艾滋病防治条例》

2006年1月国务院通过了《艾滋病防治条例》，并于2006年3月1日起实行。《艾滋病防治条例》共有七章六十四条，分为总则、宣传教育、预防与控制、治疗与救助、保障措施、法律责任、附则等七部分。

《艾滋病防治条例》规定了政府及其有关部门、组织和个人在艾滋病防治工作中的职责和义务，对艾滋病病毒感染者和艾滋病病人的权利和义务都做了明确规定。

《艾滋病防治条例》设专章规定了艾滋病防治的宣传教育制度：地方各级人民政府和政府有关部门应当组织开展艾滋病防治以及关怀和不歧视艾滋病病毒感染者、艾滋病病人及其家属的宣传教育，提倡健康文明的生活方式，营造良好的艾滋病防治的社会环境。同时指出，教育要有针对性：一是强调对公众的普及性宣传教育；二是加强对学生、育龄人群、进城务工人员、妇女等重点人群有关艾滋病防治的宣传教育；三是加强对有易感染艾滋病病毒危险行为的人群的咨询、指导和宣传教育。

《艾滋病防治条例》在开展行为干预、加强医疗行为以及对血液制品管理等方面做了相应规定；并设立专门的章节，规定了艾滋病防治的财政支持等内容。

第六节　预防性侵害

一、什么是性侵害

性侵害是指用各种手段，引诱、胁迫他人与其发生性关系，并在性方面对受害人造成伤害的行为。性侵害包括猥亵、乱伦、强暴、媒介卖淫等。

二、性侵害的形式

1.**暴力型性侵害**　以暴力威胁、言语恐吓等方式，实施强奸、轮奸、调戏或猥亵等行为。

2.胁迫型性侵害 利用权势、地位、职务的强势,进行威胁、利诱,强迫与受害人发生非暴力型的性行为。

3.社交型性侵害 在熟人、同学、同乡,甚至是男友等生活圈内发生的性侵害,又称熟人强奸、社交型强奸、酒后强奸等。

4.诱惑型性侵害 以玩乐、钱财诱惑,使受害人受到的性侵害。

5.骚扰型性侵害 在公共汽车、商店等公共场所有意识地进行调戏,侮辱受害者。

三、性侵害与性骚扰的辨别

(一)相同点

两者都是以性为工具,对他人进行骚扰。

(二)不同点

(1)性骚扰以性暗示的言语挑逗受害者,以肢体动作触碰受害者性别特征部位,使受害者的精神方面受到伤害。

(2)性侵害以威胁、权力、暴力、金钱或甜言蜜语,引诱、胁迫他人与其发生性关系,并在性方面造成对受害人的伤害,是身体上的侵犯、肉体上的伤害。

四、性侵害的防范

(1)思想重视,注意防范。要注重自己的行为举止,不单独在夜间僻静小道上行走;不长时间与异性朋友独处一室;穿着不过分暴露;不带过多的钱财外出等,避免歹徒见财、见色起意,进行暴力犯罪。

(2)行为正派,态度明确。要明事理,识大体,不卑不亢。一般来说,被胁迫者往往是自己的短处被对方所控制,才会出现胁迫型性侵害。

(3)态度坚决,严词拒绝。对于社交型性侵害,面对熟人(同学、朋友、邻居等),要对他们晓之于理,敢于说"不",理直气壮地大胆拒绝,打消其不轨的念头,防止态度暧昧、纠缠不清。

(4)社交活动,有礼有节。参加社交活动时,要有理智、有节制地把握好自己的情绪和仪态,尤其应注意不能过量饮酒,使自己情绪失控。

(5)运用法律,保护自身。对于那些失去理智、纠缠不清的无赖或违法犯罪分子,不要惧怕他们的要挟和讹诈,不能妥协"私了"。要学会运用法律武器保护自己,法律是对付犯罪最有力的武器。

复习思考题

1. 试述妊娠过程及注意事项。
2. 男性常见的生殖健康疾病有哪些？如何预防？
3. 女性常见的生殖健康疾病有哪些？如何预防？
4. 简述发生无保护性行为后的补救措施。
5. 什么是性传播疾病？常见性病有哪些？
6. 简述梅毒的分期及特征。
7. 试述淋病的传播途径。
8. 简述艾滋病传播途径及预防措施。怎样理性看待同性恋？
9. 如何正确应对性骚扰？

第五章 安全应急与避险

学校的安全工作,是维护学校正常秩序,维护学校平安、和谐、稳定的基础,是学校进行教育教学工作的保障。安全工作主要包括防范及处置突发意外伤害事件、防范及处置自然灾害的伤害等内容。校园安全管理应做到制度健全、措施完备、应急处置快速合理。

第一节 院前急救处置原则

一、意外伤害

意外伤害是指外来的、突发的、非本意的、非疾病的使身体受到伤害的客观事件。意外伤害具有突发性和不可预见性,事故发生后的几分钟是抢救危重伤员最重要的时刻,医学上称为"救命的黄金时刻"(图 5-1)。

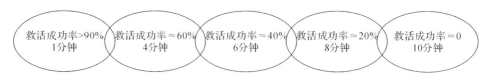

救活成功率>90%
1分钟

救活成功率≈60%
4分钟

救活成功率≈40%
6分钟

救活成功率≈20%
8分钟

救活成功率≈0
10分钟

图 5-1 "救命的黄金时刻"

二、院前急救

相关数据表明,意外伤害或突发疾病绝大多数发生在医院外。当意外发生时,第一目击者对患者进行及时有效的救护,能最大限度地挽救生命和减轻伤害,为医院救治创造条件和赢得时间。所谓第一目击者,是指在现场为受到意外伤害、突发危重疾病的患者提供紧急救护的人,主要指意外发生时患者身边的人,如家人、朋友、同事、救援人员、警察、消防员、保安人员、公共场合服务人员等。

三、院前急救的基本程序

(一)解除致伤因素

根据"先易后难"的原则,在确保自身安全、排除险情的情况下,帮助伤员脱离困境。

(二)判断检查伤情

检查伤员的生命体征及伤情,依次从头、颈、胸、腹、背、下肢、上肢进行检查。

(三)批量伤员分拣法

当出现大批量的伤员时,要充分发挥现场的人力、物力,以抢救尽可能多的伤员。可采用批量伤员分拣法对伤员进行归类。

1.**危重伤** 有生命危险需立即救治的伤员,用红色标记。

2.**重伤** 伤情较重但并不立即危及生命的伤员,用黄色标记。

3.**轻伤** 受轻伤的伤员,用绿色标记。

4.**濒死伤** 抢救费时且困难,救治效果差,生存机会不大的伤员,用黑色标记。

四、医学救助原则

(一)基本原则

医学救助的基本原则是"先救命后治伤"。

(二)救治原则

1.**先复苏后固定** 当人体受到严重伤害时,可能出现心跳和呼吸停止的情况。心跳和呼吸停止 6 分钟后,患者脑细胞即发生不可逆损害,丧失抢救的机会。因此必须在心脏停止后 4~5 分钟内,进行有效的心脏按压和人工呼吸,这是抢救成功的关键。

患者发生骨折时,骨折处不固定可能会出现以下两种危害:一是剧烈疼痛引起疼痛性休克;二是进一步加重伤害,如脊柱损伤引起脊髓损伤等。因此,当发现患者有骨折时应做简易的、可靠的固定后再抬动转送。

2.**先止血后包扎** 当患者的大血管,尤其是动脉血管受到损伤时,会大量出血。大出血使患者丧失有效血容量,出现失血性休克,危及患者生命。因此在发现患者大出血时,应立即采取各种有效止血措施。

对患者的局部伤口应进行覆盖和包扎处理,以保护伤口,防止进一步损害和避免伤口污染。这对胸腹腔和颅脑损伤的患者尤为重要。

3.**先重伤后轻伤**　首先要处理病情较重的患者,然后再处置病情较轻的患者。

4.**先救治后转送**　患者病情稳定后才能考虑转送,如休克患者等。休克的发生标志着该患者处在危急状态,应因地制宜地给予必要的处理,以保证患者转送时的安全。

在进行上述紧急处理后,应根据患者的病情和现场条件,采用适当的方式把患者尽快送到医疗机构做进一步抢救和治疗。

5.**呼救与急救并重**　呼救与急救同样重要,因此在实施急救之前,应拨打120急救电话,简述现场病情,为患者的进一步救治打开绿色通道。

6.**搬运与医护一致**　搬运危重患者时,要做到搬运与医护、监护协调一致,随时观察患者的病情。

第二节　现场救护技术

一、心肺复苏

心肺复苏(CPR),是用于呼吸和心跳突然停止、意识丧失患者的一种现场急救方法。即以人工呼吸代替患者的自主呼吸,以心脏按压形成暂时的人工循环并诱发心脏的自主搏动。其目的是通过口对口吹气和胸外心脏按压来满足患者最低限度的脑供血、供氧需求。

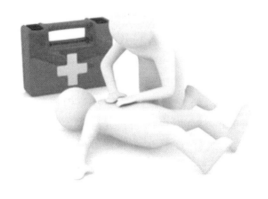

心肺复苏的要点

2017年1月,《中华危重病急救医学》杂志发布了《2016中国心肺复苏专家共识》。该共识汇集国内CPR领域专家,根据国际CPR指南的科学理论,结合我国国情和具体实践,涵盖了心脏停搏前期"预防、预识、预警"的"三预"方针、心脏停搏中期"标准化、多元化、个体化"的"三化"方法与心脏停搏后期"复生、超生、延生"的"三生"方略,是指导我国心脏停搏综合防治体系构建和CPR临床实践的行动指南。

(一)基本生命支持的适应证

1.呼吸骤停 很多情况可导致呼吸骤停,包括溺水、脑卒中、气道异物阻塞、药物过敏、电击伤、窒息、创伤、心肌梗死以及各种原因引起的昏迷。当患者呼吸骤停或自主呼吸不足时,为保证气道通畅,进行急救人工通气就显得非常重要,它可防止心脏发生停搏。

2.心脏骤停 判断心脏骤停的三要素包括:①突然意识丧失;②呼吸停止或无效呼吸(仅有喘息样呼吸);③大动脉(颈动脉、股动脉)搏动消失。

(二)心肺复苏的CAB

C(circulation):血液循环正常。通过血液循环,氧气才可到达身体各部分。

A(airway):气道畅通。只有气道畅通,才能保证氧气进入肺内。

B(breathing):呼吸正常。通过呼吸,氧气才可以进入肺内,再经过肺部进入血液。

CAB三大基本条件如受影响或阻碍,就会对生命构成威胁。

(三)复苏程序

复苏程序通常包括判断患者反应、启动120急救系统和准备实施CPR。

1.判断患者反应 在判定事发地点易于就地抢救后,急救人员应在患者身旁快速判断其有无损伤、是否有反应,可轻拍或摇动患者,并大声呼叫:"您怎么了?"

2.启动120急救系统 如果有两名急救者,应一名立即实施CPR,另一名快速求救。

拨打120急救电话时,需告知下列情况:

(1)急救患者所处位置(街道或路名、办公室名称、房室号);

(2)急救患者所在地电话号码;

(3)发生什么事件,如心脏病发作或交通事故等;

(4)所需急救的人数;

(5)患者的一般情况;

(6)已经给予患者何种急救措施。

最好在急诊医生对现场救治提出指导后,再挂断电话。

3.准备实施 CPR 为实施 CPR,判断复苏效果,需使患者取仰卧位,仰卧在坚固的平(地)面上。如果患者面朝下,应把患者整体翻转,即头、肩、躯干同时转动,为避免躯干扭曲,头、颈部应与躯干始终保持在同一个轴面上。将双上肢放置身体两侧,这种体位更适于 CPR。经过训练的急救者应位于患者一侧,或两人分站两侧,以便急救时进行人工呼吸和心脏按压。

(四)实施 CPR

1.循环支持

(1)检查有无脉搏(图 5-2)。评价循环体征时要一方面检查颈动脉搏动,一方面观察呼吸、咳嗽和运动情况。要能鉴别正常呼吸、濒死呼吸,以及心脏骤停时的其他通气形式。评价时间不要超过 10 秒。如果不能肯定是否有循环,则应立即开始心脏按压。

(2)心脏按压(图 5-3)。心脏按压是在胸骨中下 1/3 处进行按压,这种压力通过增加胸膜腔内压或直接挤压心脏产生血液流动,为脑和其他重要器官提供充足的氧气。按压频率为 $100\sim120$ 次/分,按压与通气比例要求为 $30:2$。

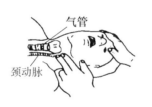

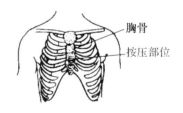

图 5-2 检查有无脉搏　　　　图 5-3 心脏按压

①心脏按压技术。固定恰当的按压位置,用手指按压在靠近自己一侧的患者胸廓下缘。手指向中线滑动,找到肋骨与胸骨连接处。将手掌贴在患者胸骨的下半部,另一手掌重叠放在这只手的手背上,手掌根部长轴与胸骨长轴确保一致,保证手掌全力压在胸骨上,这样可避免发生肋骨骨折。无论手指是伸直还是交叉在一起,都不应离开胸壁。

②有效按压的标准。肘关节伸直,上肢呈一直线,双肩正对双手,以保证每次按压的方向与胸骨垂直。如果按压时用力方向不垂直,有可能造成身体滚动,影响按压效果。对正常体形的患者,按压幅度为 $4\sim5$ 厘米。最理想的按压效果是可触及颈或股动脉搏动。每次按压后,放松使胸骨恢复到按压前的位置,血液在此期间可回流到胸腔。

2.**开放气道**　患者无反应或无意识时,肌张力下降,舌体和会厌可能把咽喉部阻塞,舌又是造成呼吸道阻塞最常见的原因。因此要把患者下颌向上抬,让舌离开咽喉部,使气道打开。开放气道常采用仰头抬颏法(图 5-4)和托颌法等。

舌根前移向上
会厌上抬
气道开放

图 5-4　仰头抬颏法

如患者无颈部创伤,就可以采用仰头抬颏法开放气道,同时用指套或指缠纱布清除患者口中的异物和呕吐物;如患者装有假牙,应先取下假牙。

3.**人工呼吸**

(1)检查呼吸。开放气道后,先将耳朵贴近患者的口鼻附近,感觉有无气息,再观察胸部有无起伏动作,最后仔细听有无气流呼出的声音。判断及评价时间不得超过 10 秒。发现无呼吸或呼吸异常时,应立即实施人工呼吸。

(2)恢复体位。对无反应,但已有呼吸和循环体征的患者,应采取恢复体位的措施。因为如患者继续采取仰卧位,患者的舌体、黏液、呕吐物有可能阻塞气道;采取侧卧位可预防此类情况。

(3)人工呼吸。急救人工呼吸时,每次吹气必须使患者的肺膨胀充分。

①口对口呼吸。口对口呼吸时,要确保气道通畅,同时要捏住患者的鼻孔,防止漏气。急救者应用口唇把患者的口全部罩住,呈密封状,缓慢吹气,每次吹气应持续2秒以上,确保患者呼吸时胸廓起伏。如果急救者只做人工呼吸,那么通气频率应为 10～12 次/分。刚开始时,人工呼吸次数拟为 2～5 次/分。

②口对鼻呼吸。在患者不能经口呼吸时应采用口对鼻呼吸,如患者牙关紧闭不能开口、口唇创伤,口对口呼吸难以实施时。口对鼻呼吸时,将一只手置于患者前额并后推,另一只手抬下颏,使口唇紧闭。用嘴封罩住患者鼻子,深吹气后将口离开鼻子,让呼气自动排出。

(五)CPR 易发生的问题和并发症

CPR 措施如果得当,可为患者提供生命支持。但即使正确实施 CPR,也可能出现并发症。

(1)人工呼吸的并发症。人工呼吸时,由于过度通气和通气流量过快,患者易发生胃扩张。

(2)心脏按压的并发症。即使心脏按压动作得当,也可能造成患者肋骨骨折。其他并发症包括血气胸、肺挫伤和肝脾撕裂伤等。

(六)自动体外除颤器(AED)

"救命要靠 CPR,求生还需 AED。"自动体外除颤器(AED)不仅是更新的医疗设备,更是全新的急救观念。当可以立即取得 AED 时,应尽快使用。当不能立即取得 AED 时,应立即开始心肺复苏,并同时让人获取 AED。操作 AED 应根据语音提示进行,操作共分四步:一开电源,二贴片,三插插头,四自动除颤。

二、创伤救护(止血、包扎、固定、搬运)技术

(一)出血与止血

1.概述 出血在各种创伤中经常发生,是突发创伤的一种表现。止血是创伤现场救护的基本任务,只有尽快止血,才能保存有效血容量,防止休克的发生,从而挽救生命,为进一步抢救患者赢得宝贵的时间。

创伤急救技术

2.常用止血法 常用止血法包括:①包扎和加压包扎止血法;②指压止血法;③止血带止血法。应根据出血部位的不同,在相应部位采取合适的止血法(图 5-5～图 5-14)。

图 5-5 头顶部出血

图 5-6 颜面部出血

图 5-7 后部头皮出血

图 5-8 头面部出血

图 5-9 肩腋部出血

图 5-10　前臂出血

图 5-11　手部出血

图 5-12　大腿以下出血

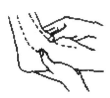
图 5-13　足部出血

图 5-14　止血带

3.止血带止血法的注意事项

(1)止血带应扎在肢体的恰当部位(如股部的中下 1/3 处、上臂的中下 1/3 处)。

(2)用纱布、棉布、毛巾或衣服等物作为衬垫后再上止血带。

(3)记录上止血带的时间,连续使用时间不能超过 5 小时。每 30～60 分钟要慢慢松开止血带 1～3 分钟。

(4)松开止血带前,应先输液或输血,准备好止血用品。

(5)上止血带松紧要适当,以上后血止且摸不到动脉搏动为度。

(二)伤口包扎技术

创伤使人体的保护器官(皮肤)受到损伤,易导致细菌的侵入,需要在现场进行包扎。包扎是处理各种外伤中最常用、最重要、最基本的急救技术之一。包扎得法有压迫止血、保护伤口、防止感染、固定骨折和减少疼痛等效果。包扎的操作要点:包扎伤口动作要快、准、轻、牢。常见的包扎方法有如下几种:

▶ "8"字包扎

(1)绷带包扎法。如环形法(图 5-15)、螺旋反折法、螺旋法、"8"字包扎法(图 5-16)等。

　　　　图 5-15　环形法　　　　　　　　　图 5-16　"8"字包扎法

　　(2)三角巾包扎法。如头顶帽式包扎法(图 5-17),胸、背部包扎法(图 5-18),腹部包扎法等。

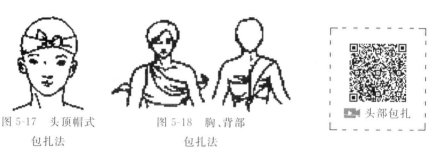

　　图 5-17　头顶帽式　　　　图 5-18　胸、背部　　　　　　头部包扎
　　　　　　包扎法　　　　　　　　　　包扎法

(三)现场骨折固定

　　1.现场骨折固定的意义　对于骨折、关节严重损伤和肢体挤压伤等创伤进行正确的固定,能迅速减轻疼痛,预防休克,减少出血,防止加重脊髓、血管和神经等重要组织的损伤,为伤员的搬运做准备。对开放性软组织损伤应先止血,再包扎。固定时松紧应适度,牢固可靠。

　　2.急救固定器材　院外急救骨折固定时需就地取材,如 2~3 厘米厚的木板、竹竿、树枝、木棍以及伤者健肢等,均可作为固定的代用品。

　　3.现场骨折固定的原则

　　(1)首先应先检查意识、呼吸、脉搏及处理严重出血。

　　(2)夹板的长度应以能将骨折处上下关节一同加以固定为宜;固定要牢固,在骨折和关节突出处要加衬垫,以加强固定和防止皮肤压伤。

　　(3)开放性骨折不要送回伤口内,骨断端不要轻易拉动。

　　(4)暴露肢体末端以便观察末梢血液循环情况。

　　(5)伤肢固定后,应尽可能将伤肢抬高,以减轻肿胀。

　　4.常用的现场骨折固定

　　(1)脊椎骨折固定。包括颈椎、胸椎、腰椎骨折的固定(图 5-19)。

　　(2)锁骨骨折固定。用绷带在肩背做"8"字形固定,并用三角巾或宽布条于颈上吊托前臂。

(3)前臂骨折固定。用两块木板,一块放前臂上,另一块放背面,但其长度要超过肘关节,然后用布带或三角巾捆绑托起[图5-20(a)]。

(4)股骨骨折固定。用两块木板将大腿、小腿一起固定。置于大腿前后的两块木板长达腰部,并将踝关节一起固定,以防这两部位活动引起骨折错位。

(5)小腿骨折固定[图5-20(b)]。小腿骨折在没有固定材料的情况下,可将患肢固定在健肢上。

  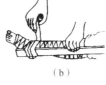

(a)　　　　　　(b)

图5-19　腰椎骨折固定　　　　图5-20　骨折固定方法

(四)伤员搬运

1.搬运伤员的目的　搬运伤员的目的是使伤员迅速脱离危险地带,避免再受伤害,尽快使伤员获得专业治疗,以最大限度地挽救生命,减轻伤残。

2.常用的搬运法

(1)徒手搬运。

(2)担架搬运。常用的担架有以下几种:①折叠楼梯担架(图5-21),便于在狭窄的走廊、曲折的楼梯上搬运;②折叠铲式担架(图5-22),担架双侧均可打开,将患者铲入担架,用于脊柱损伤患者的搬运;③帆布担架,适用于内科患者,怀疑有脊柱损伤的患者禁用;④脊柱固定板(图5-23),可将患者固定于担架上。

图5-21　折叠楼梯担架　　　图5-22　折叠铲式担架　　　图5-23　脊柱固定板

3.搬运伤员的要点

(1)做好伤员的现场救护,先救命,后止血、包扎、固定,最后才搬运。

（2）伤员的体位要合适。

（3）若遇脊椎受伤者，应将其身体固定在担架上，用硬板担架搬运，以免加重脊椎损伤。

（4）运送患者时，随时观察呼吸、体温、心率、脉搏等生命体征。

（5）动作要轻巧、迅速，避免不必要的震动，切忌随意搬动。

第三节　其他应急技能

一、火灾应急

发现火情时，应马上通知消防、医院等部门，请求支援，并设法脱离险境。

（1）尽快离开火灾发生地，可用厚的湿毛巾捂住口鼻以防吸入烟火，在充满浓烟的环境应尽量弯腰或爬行。

（2）若一时走不出，应保持冷静，发出求救信号，请求外围援助。在房内要防烟堵火，防止火势的蔓延。

（3）若必须离开时，切不可慌忙跳楼，可沿楼梯顺墙排水管下滑，或利用绳子沿阳台逐层跳下。切勿使用电梯，以免电力突然中断而被困。试推开防烟门，若门隙有烟冒进来，切勿开门。如果身上的衣服着火，不要奔跑，可用地毯、外衣或厚窗帘等扑盖灭火；或卧在地上，缓缓打滚灭火。要保护脸部以免烧伤，禁止向脸部使用灭火器。

二、电击伤

（一）急救措施

发现有人被电击伤时，应沉着、冷静，正确采取以下的急救措施：

（1）必须确知自身无触电危险，才可接触伤者。如果伤者仍然和电源接触，要先把电源切断。可用绝缘物体（如扫帚柄、干毛巾等）把伤者移离电源。援救时一定要用干燥的物品施救，并站在胶垫、厚报纸等绝缘体上。

（2）当伤员脱离电源后，应立即检查伤员全身情况，特别是呼吸和心跳，发现呼吸、心跳停止时，应立即就地抢救，进行心肺复苏。

（3）对电灼伤的伤口或创面，不要用油膏或不干净的敷料包敷，最好用凡士林纱布或盐水纱布包扎。

(二)防触电"四不"原则

(1)不要随意将三眼插头改为两眼插头。

(2)不用湿手、湿布擦带电的灯头。

(3)不要私设电网。

(4)不要乱接、乱拉电线。

三、烧伤及烫伤

烧伤和烫伤由火焰、热水、热油、电流、辐射、化学物质(强酸、强碱)等物质引起,最常见的是火焰烧伤,热水、热油的烫伤。若发生烧伤或烫伤,应采取以下措施:

(1)立即脱离险境。

(2)热水、热油、化学物质等引起的烧伤、烫伤应先冷却受伤部位,可用自来水冲洗伤肢15分钟以上。

(3)脱掉伤处的手表、戒指、衣物。

(4)保护好水泡,用消毒敷料(或清洁毛巾、床单等)覆盖伤处。

(5)口渴严重时可饮淡盐水,有利于预防休克。

(6)迅速转送医院。

四、溺水

溺水后因大量的水被灌入肺内,会引起喉痉挛,造成缺氧、窒息而死亡,故对溺水者应抓住现场的宝贵时间进行抢救,但不宜采取"手拉手"方式救援溺水者。

(一)水中救护

水性好者应迅速游至溺水者附近,从其后方靠近,握其手或托住头部,用仰泳方式将其拖向岸边,也可从其背部抓住腋窝拉回岸边。

(二)岸上救护

把溺水者救至岸上后,应立即清除其口、鼻腔内的水、泥及污物,用纱布(或手帕)裹着手指将伤员的舌头拉出口外,解开其衣扣、腰带,以保持呼吸道通畅,再进行控水处理。救护人一腿跪地,另一腿屈膝,将溺水者的腹部放在膝盖上,使其头下垂,然后再按压其腹、背部;或以小木凳、大石头、倒扣的铁锅等垫高溺水者的腹部,使溺水者灌入的水吐出。对于呼吸、心跳停止者应立即进行人工呼吸和心脏按压。重症患者经现场救护后送医院进一步诊治。

五、交通事故伤

(一)交通事故伤的特点

(1)伤情复杂且严重,致残率、死亡率高。

(2)多脏器损伤多见。颅脑损伤、血气胸、肝脾破裂多见。

(3)脊柱骨折、脱位导致截瘫多见。开放性骨折多见。

(二)对交通事故伤严重程度的判断

交通事故伤伤员可能是一个或多个,同一个伤员可能同时有多处受伤。现场急救要分清主次、轻重、缓急,以"先救命、后救伤"为原则。

1.判断生命体征 ①神志不清,表明有颅脑损伤或休克,病情危重。②呼吸不规则、呼吸困难、呼吸停止,表明有颅脑损伤或高位颈椎损伤、胸部外伤、呼吸道梗阻。③脉搏弱或触摸不到,表明出血多、损伤严重,处于休克状态。④瞳孔不等大或扩大,表明有严重颅脑损伤。

2.判断重要脏器 ①颅脑损伤。头部出血或血肿,意识不清,瞳孔大小改变。②胸部损伤。胸部有伤口或擦伤,胸廓变形,呼吸困难。③腹部损伤。腹痛和压痛,肝区、脾区叩击痛,出现休克。④脊柱骨折。脊柱畸形,四肢瘫痪(颈椎)或双下肢瘫痪(胸、腰椎)。⑤四肢骨折。肢体肿胀、畸形,活动受限。

(三)交通事故伤现场急救程序

(1)正确判断伤情和受伤部位。

(2)注意正确的搬动伤员的方法(详见本章第三节内容),保护脊柱和骨折肢体。

(3)按"先救命、后救伤"的原则,先进行心肺复苏,后处理受伤部位。

(4)迅速止血,包扎伤口,固定骨折部位。

(5)就近转送医院。

六、中暑

中暑是高温环境引起的体温调节中枢功能障碍,汗腺功能衰竭和(或)水、电解质丢失过量所致的疾病。

(一)中暑的临床表现

中暑一般分为以下三种类型:

1.热痉挛 大量出汗后突然出现阵发性四肢、腹壁肌肉甚至肠平滑肌痉挛和疼痛,可出现低钠、低氯血症等。

2. 热衰竭　患者先有头痛、头晕、恶心,继而出现胸闷、脸色苍白、冷汗淋漓、脉搏细弱、晕厥等症状。

3. 热射病　典型表现为高热、无汗、昏迷。严重患者可出现休克、心力衰竭、肺水肿、脑水肿等症状。太阳辐射引起的热射病称为日射病。

(二)中暑的诊断

1. 先兆中暑　在高温环境中一定时间后,出现头昏、头痛、口渴、多汗、全身疲乏、心悸、注意力不集中、动作不协调等症状,体温正常或略有升高。

2. 轻症中暑　发生轻症中暑时,患者除有先兆中暑症状外,还会出现面色潮红、大量出汗、脉搏过快等表现,体温升高至 38.5℃ 以上。

3. 重症中暑　重症中暑包括热射病、热痉挛和热衰竭三种类型。

(三)中暑的急救处理

1. 先兆中暑与轻症中暑时的急救处理　立即将患者移至阴凉通风处或空调室内,以增加辐射散热。给予清凉含盐饮料,可选服人丹、十滴水、藿香正气丸等,并用风油精等药物涂擦太阳穴、合谷穴等穴位处。体温高者给予冷敷或酒精擦浴。必要时用浓度为 5% 的葡萄糖进行静脉滴注。一般经 30 分钟到数小时治疗后可恢复。

2. 重症中暑时的急救处理　发生重症中暑时,需送医院进一步治疗。

七、毒蛇咬伤

毒蛇一般在上颌处有一对特大毒牙;无毒蛇则为一排或两排细牙,从死蛇或牙痕判断可明确诊断。

(一)毒蛇咬伤的种类

毒蛇的毒素分为神经毒、血液毒和混合毒三种。

1. 神经毒　被神经毒类毒蛇的咬伤后,伤者的神经、肌肉功能受到影响,表现为局部轻微红肿、流血少、疼痛轻,但有麻木、头昏、眩晕、恶心、呕吐、步态不稳等症状,严重者会呼吸困难、昏迷、呼吸肌麻痹甚至死亡。

2. 血液毒　被血液毒类毒蛇咬伤后,伤者会出现伤口剧痛、皮下出血、鼻出血、血尿、吐血、休克、心力衰竭、惊厥等症状,严重者导致死亡。

3. 混合毒　被混合毒类毒蛇咬伤后,伤者表现出以上两类的并发症状。

(二)毒蛇咬伤后的紧急处理

(1)处理越早效果越好。首先必须防止毒素扩散,方法是在伤口近侧 5～10 厘米处绑扎,注意每隔半小时松开 1～2 分钟。伤口处可用锋利刀片,以毒牙痕为中心作"十"字划开,同时用清水、生理盐水及 1：5000 高锰酸钾溶液清洗伤口。

(2)伤肢局部降温、制动,以减少毒素的吸收。

(3)被毒蛇咬伤后应肌注破伤风抗毒素。伤口处周围用胰蛋白酶和普鲁卡因进行封闭注射。伤后可用单价或多价血清抗毒素注射,有一定疗效。

八、狂犬病

狂犬病是弹状病毒科的狂犬病毒引起的人兽共患急性传染病。发作时病人烦躁不安、惊恐、抽风、恐水,肢体和呼吸麻痹,直至死亡。整个病程 6～10 天,死亡率近乎 100%。

(一)狂犬病患病因素

被疑似狂犬病宿主动物抓伤、咬伤、舔舐皮肤或黏膜破损处,即使是再小的伤口,狂犬病毒也可以通过宿主动物的唾液传播给人,使人患上狂犬病,同时可感染破伤风。可感染狂犬病毒的动物包括狗、猫、牛、狼、蝙蝠、狐狸等。

(二)被咬伤后的紧急处理

1. 冲洗 立即用大量清水彻底、持续清洗伤口,并不断擦拭,注意不要包扎伤口。

2. 立即注射疫苗 注射狂犬疫苗及破伤风抗毒素。狂犬疫苗及破伤风抗毒素及时预防注射,几乎可避免发病,越早越好。妊娠期(或哺乳期)妇女、新生儿、婴儿、儿童、老年人或同时患有其他疾病的伤者,都可以接种疫苗。

九、昆虫类咬(蜇)伤

昆虫类咬(蜇)伤的临床表现为伤口剧痛、烧灼感、局部红肿中心瘀点或水疱等,严重者出现发热、恶心、烦躁不安、痉挛及昏厥。

若发生昆虫类咬(蜇)伤,应保持镇静,用消毒过的针挑出或用消毒过的身份证刮出蜇刺。避免用钳子取出,以防因挤压毒囊而有更多毒液被吸入。用肥皂水或盐水清洗伤口。若出现全身中毒,应立即送往医院。

为避免发生昆虫类咬(蜇)伤,外出活动穿"五紧"服(长袜长靴,戴防护帽,扎紧裤脚、袖口和领口)。

掌握急救知识,尽快处理,避免中毒过深,及时呼叫 120。

第四节　无偿献血

　　为了拯救他人生命,志愿将自己的血液无私奉献给社会公益事业,献血者不向采血单位和献血者单位领取任何报酬的行为称为无偿献血。无偿献血是我国血液事业发展的总方向。《中华人民共和国献血法》于 1998 年 10 月 1 日起施行,规定了我国实行无偿献血制度,提倡 18～55 周岁的健康公民自愿献血,同时鼓励国家工作人员、现役军人和高等学校在校学生率先献血,为树立社会新风尚作表率。

一、献血与健康

　　无偿献血是我国每一个适龄健康公民的义务,是无私奉献、救死扶伤的崇高行为,无偿献血者会得到社会的尊重和爱戴。目前,我国临床用血中的无偿献血比例逐年上升,很多省(区、市)已超过 90%。

　　符合献血条件的公民,一次献血 200～400 毫升绝不会影响健康。

　　(1)从血量来看,成年人全身总血量约占体重的 8%,也就是说,体重为 50 千克的成年人,全身总血量约为 4000 毫升,一次献血 200～400 毫升,只占全身总血量的 5%～10%。

　　(2)从血液循环来看,成年人体内的血液并不完全在血管里流动,其中 20%～25%贮存在"贮血库"内,也就是肝、脾等器官内,只有应急的情况下"贮血库"的血才会被调动出来参加血液循环,从而保持血液生理平衡。

　　(3)从血液的新陈代谢来看,血液和其他有生命的东西一样,经历着新生、成熟、衰老、死亡的生理过程。人体血液中红细胞的存活时间约为 120 天,白细胞的存活时间约为 13 天,血小板的存活时间为 8～9 天。正常情况下,每人每天约有 40 毫升血液中的红细胞衰老死亡,同时有相应数量的红细胞新生。几乎在献血的同时,血液的恢复就开始了。首先,身体"贮血库"中的血液会立即被释放出来参加血液循环。其次,血液中的水分和钠盐在献血后 1～2 小时内恢复,白蛋白在 1～2 天内恢复,红细胞恢复稍慢,需要 10 天左右时间就能达到献血前的数量。总之,献血 200～400 毫升,只需 10 天左右各种血液成分就能恢复正常,不但对健康没有什么影响,反而还可刺激身体的造血功能。

二、献血者的标准要求

(1)年龄:18～55 周岁。

(2)体重:男≥50 千克,女≥45 千克。

(3)血压:收缩压,90～150mmHg;舒张压,60～90mmHg;脉压,30～37.5mmHg。

(4)心肺正常,肝脾正常,体温正常。

(5)血液比重:男≥1.052,女≥1.050。

(6)丙氨酸转氨酶(ALT)≤50 单位。

(7)乙型肝炎病毒表面抗原(HBsAg)阴性。

(8)丙型肝炎病毒(HCV)抗体阴性。

(9)艾滋病病毒(HIV)抗体阴性。

(10)梅毒试验阴性。

(11)无医生认为不能献血的其他症状。

若能通过以上检查,那么你就是一个健康快乐的献血者。

三、无偿献血的流程

(1)献血前,要尽可能适当休息,保证充足睡眠,切忌空腹献血。为了保证血液质量,在献血的前一天晚上和当天早上可吃些清淡食品,不要吃过于油腻的食物,因为输用含有大量油脂的血液容易造成患者的输血反应。

(2)献血中,精神不要紧张,要同医务人员密切配合。

(3)献血后,针孔处要压迫 3～5 分钟。一两天内不做剧烈活动。针孔处要保持清洁,以免发生感染。在针孔周围有时会出现青紫现象,这是少量血液溢到血管外而引起的,会自然吸收,不用感到慌张。

四、献血者的优待政策

2014 年 1 月 1 日起开始施行的《浙江省实施〈中华人民共和国献血法〉办法》规定:

(1)献血者捐献全血累计达 400 毫升以上的,本人终身免交临床用血费用;不足 400 毫升的,自献血之日起 5 年内按照不超过献血量的 5 倍免交临床用血费用,5 年后免交与献血量等量的临床用血费用。

(2)献血者的配偶、父母和子女,5 年内按照不超过献血量的 2 倍免交临床用血费用,5 年后免交与献血量等量的临床用血费用。

（3）达到国家无偿献血奉献奖金奖（8000毫升）标准以上的献血者，其兄弟姐妹、祖父母、外祖父母、配偶父母享受第二项规定的待遇。

（4）献血者捐献造血干细胞的，本人终身免交临床用血费用；其配偶、父母和子女终身按照不超过800毫升的献血量免交临床用血费用。

（5）献血者捐献单采血小板的，本人终身免交临床用血费用；其配偶、父母和子女享受第二项规定的待遇，献血量按照捐献一次折合全血800毫升计算。

（6）稀有血型的献血者，本人终身免交临床用血费用；其配偶、父母和子女享受第二项规定的待遇。

（7）献血者及其亲属免交临床用血费用的，免费部分可以在就诊的医疗机构予以核销；医疗机构不具备核销条件的，凭献血者的有效身份证明、无偿献血证、亲属关系证明和用血收费凭据到献血管理机构报销。

复习思考题

1. 意外伤害分类和自救与互救的基本原则是什么？

2. 简述基本生命支持的适应证。

3. 简述心肺复苏的CAB。

4. 创伤救护中使用的是哪四种技术？

5. 常用止血法有哪些？

6. 简述现场骨折固定的原则。

7. 简述防触电的"四不"原则。

8. 简述烧伤和烫伤的自我急救步骤。

9. 在野外活动中被毒蛇咬伤后应如何自救？

10. 献血是否会影响健康？

参考文献

[1]陈坤.公共卫生安全[M].杭州:浙江大学出版社,2007.

[2]黄玉山,陈南生,陈宝玲,等.中国大学生健康状态与生活行为的调查研究[J].体育学刊,2008,15(5):72-76.

[3]姜乾金.医学心理学[M].北京:人民卫生出版社,2005.

[4]李英奇,王小英,缪锋.新世纪大学生健康教育读本[M].杭州:浙江大学出版社,2006.

[5]马立骥.大学生心理健康教育与实训[M].杭州:浙江大学出版社,2012.

[6]沈渔邨.精神病学[M].5版.北京:人民卫生出版社,2009.

[7]吴健,丁晓民.化工生产与安全技术[M].杭州:浙江大学出版社,2017.

[8]吴冉,张梅,朱文娟.大学生自杀行为的预防与心理援助[J].中国健康心理学杂志,2015,23(8):1276-1280.

[9]徐越,徐水洋,吴青青,等.浙江省大学生烟草使用流行现况研究[J].中华健康管理学杂志,2017,11(2):161-165.

[10]张仁炳,徐俊,缪锋.校园健康手册[M].2版.杭州:浙江大学出版社,2015.

索　引